GPS de Projetos

Leonardo Del Guerra

GPS de Projetos

Gerenciando incertezas e tornando seu portfólio antifrágil

BRASPORT

Rio de Janeiro

2025

BRASPORT Livros e Multimídia Ltda.
Rua Sete de Setembro, 48, 3º andar, loja 301
Centro, Rio de Janeiro, RJ, CEP 20050-009
Tel./Fax: (21)2568.1415
e-mails: administrativo@brasport.com.br
vendas@brasport.com.br
editorial@brasport.com.br
www.brasport.com.br

Editor:
Antonio Muniz

Operação:
Monaliza Rosario

Produção Editorial:
Marina Oliveira

Editoração Eletrônica:
Rinaldo Mickus
Gleyce Roberta

Capa:
Rinaldo Mickus

Dados Internacionais de Catalogação na Publicação (CIP)
(Câmara Brasileira do Livro, SP, Brasil)

Guerra, Leonardo Del

GPS de projetos : gerenciamento incertezas e tornando seu portfólio antifrágil / Leonardo Del Guerra. -- 1. ed. -- Rio de Janeiro : Brasport Livros e Multimídia, 2025.

ISBN 978-65-6096-083-1

1. Projetos - Desenvolvimento 2. Projetos -Elaboração 3. Projetos - Metodologia 4. Projetos - Planejamento I. Título.

25-292432 CDD-658.40407

Índices para catálogo sistemático:

1. Projetos : Gerenciamento : Administração de empresas 658.40407

Aline Graziele Benitez - Bibliotecária - CRB-1/3129

A única forma de desvincular as tendências futuras do desempenho passado é atuar adequadamente nas limitações/restrições do presente.

Eliyahu Goldratt

Agradecimentos

É com um profundo sentimento de gratidão que compartilho esta obra, resultado de um trabalho intenso e dedicado. A jornada que me trouxe até aqui foi repleta de desafios, mas também de valiosas lições, e nada disso teria sido possível sem o apoio de muitas pessoas ao meu redor.

Primeiramente, agradeço à minha esposa Vânia, aos meus filhos Sophia e Theo e demais familiares, que sempre me apoiaram e depositaram sua confiança em mim, mesmo nas horas mais difíceis. Agradeço também aos amigos que estiveram ao meu lado, sempre prontos a oferecer palavras de encorajamento e críticas construtivas que me ajudaram a crescer.

Não posso deixar de reconhecer a importância dos meus mentores e colegas de trabalho. Suas contribuições foram inestimáveis e sou eternamente grato por tudo que aprendi com vocês.

Espero sinceramente que este livro encontre um eco em cada leitor, que ele possa inspirar e promover uma evolução tanto em resultados pessoais quanto no desenvolvimento de suas empresas. Que esta obra sirva como um GPS, direcionando novos caminhos e possibilidades para seus objetivos.

Se eu vi mais longe, foi por estar sobre ombros de gigantes.

Isaac Newton

Sobre o autor

Graduado em Engenharia Aeronáutica e Espacial, pós-graduado em Gestão Estratégica de Negócios.

Possui 27 anos de experiência na indústria aeronáutica brasileira, tendo atuado em diversos processos de gestão, tais como: plano estratégico, gestão de portfólio, gestão de programas, gestão de projetos de engenharia, inovação e tecnologia.

Especialista, mentor e instrutor em gestão de projetos, com foco na estruturação e implementação de diferentes metodologias, como: Gestão de Valor Agregado (EVM), Corrente Crítica (CCPM), métodos ágeis (*Scrum*, *Kanban*) etc.

Participou de grandes projetos corporativos, como a implantação do ERP – SAP/BW, *kaizens* estruturantes, *carve-out*, *carve-in*, dentre outros.

Prefácio

Conheço Leonardo Del Guerra há mais de duas décadas e meia. Desde então, nossa trajetória foi marcada por diversas interações profissionais, estudos compartilhados e uma convivência que nos levou a explorar, com profundidade, os fundamentos e as práticas da gestão de projetos. Entre elas, a Teoria das Restrições também se tornou um ponto de nossa convergência. Contudo, ao longo dos anos, percebi com clareza algo que hoje afirmo com naturalidade: Leonardo transcendeu os limites da aplicação técnica e desenvolveu uma perspectiva sistêmica e estratégica da gestão que o tornou uma das mentes mais lúcidas e avançadas no tema.

Este livro é a expressão dessa maturidade intelectual. Não é um manual de ferramentas nem uma coletânea de boas práticas. É uma obra que provoca, orienta e convida o leitor a repensar o papel da gestão de projetos em um mundo onde a estabilidade é exceção. O título não é uma metáfora casual. Leonardo constrói aqui um verdadeiro GPS conceitual e prático, no qual a flexibilidade para transitar entre os estilos de tomada de decisão (analítico, diretivo, conceitual e relacional) torna-se essencial para quem precisa atuar em ambientes marcados por volatilidade, incerteza, complexidade e ambiguidade.

Ao longo destas páginas, o autor nos propõe abandonar o conforto ilusório da previsibilidade e reconhecer que a incerteza não é uma ameaça, mas um dado estrutural da realidade. Mais do que resistir a ela, é possível (e desejável) construir sistemas que aprendam com as variações, que se adaptem com inteligência e que evoluam a partir do inesperado. Essa é a essência da antifragilidade, conceito tratado com profundidade e clareza ao longo da obra.

Leonardo nos conduz, com rigor técnico e sensibilidade prática, por uma jornada que transforma a maneira como compreendemos o planejamento, a alocação de recursos, os indicadores, os riscos e os próprios paradigmas de gestão. Sua abordagem não despreza os métodos ou *frameworks* já consagrados, mas amplia o campo de visão ao integrá-los em um raciocínio sistêmico e preventivo, que privilegia a tomada de decisão consciente e adaptável.

O valor deste livro está não apenas na originalidade das ideias, mas na sua aplicação concreta. Ele fala ao especialista experiente com a mesma intensidade com que esclarece o gestor em formação. Não há aqui promessas vazias ou receitas prontas. Há pensamento e responsabilidade intelectual.

Com este trabalho, Leonardo preenche uma lacuna que há muito existia: a de uma obra que oferecesse, a outros especialistas, uma nova lente para enxergar os desafios da gestão em contextos reais e complexos. Mais do que um livro necessário, é uma referência que certamente influenciará os rumos da gestão de projetos nas organizações que compreendem que, diante do imprevisível, a melhor resposta não é o controle absoluto, mas a capacidade de adaptação estratégica.

Com admiração, compartilho estas palavras introdutórias a uma obra que, acredito, será um marco para todos que se dedicam à construção de projetos sustentáveis, inteligentes e coerentes com a realidade dinâmica, incerta e interdependente que caracteriza os ambientes organizacionais contemporâneos.

Wantuir Felippe da Silva Junior

Sobre o livro

Nesta obra, mergulhamos nas complexidades da gestão de incertezas em projetos, revelando a importância de encarar variáveis interdependentes e restrições que moldam o desempenho organizacional.

Durante essa jornada, identificaremos as armadilhas da falta de alinhamento entre as diferentes áreas e a incessante busca por certezas em ambientes voláteis – desafios que se revelam como obstáculos significativos na gestão de projetos. Aqui, o texto se aprofunda na perspectiva humana e empresarial, abordando as limitações cognitivas e os vieses que influenciam nossas decisões. Ao reconhecer essas limitações, abrimos as portas para decisões mais fundamentadas e eficazes.

O livro apresenta conceitos intrigantes da ciência cognitiva e da economia comportamental, demonstrando que muitas de nossas escolhas são guiadas por intuições e preconceitos. A conclusão nos convida a abraçar a falibilidade de nossas avaliações e a considerar a adoção de processos de suporte que potencializem a eficácia das decisões.

Soluções como um "GPS de gestão" tornam-se fundamentais para assegurar eficiência e segurança nas entregas. A flexibilidade e a capacidade de adaptação a condições variáveis são destacadas como elementos críticos na gestão, convidando-nos a abraçar a incerteza como uma oportunidade para inovar e crescer.

Embarque nessa jornada transformadora e descubra como a gestão de incertezas pode se tornar sua aliada na busca por um desempenho organizacional excepcional!

Sumário

Introdução

Em um mundo empresarial em constante transformação, as organizações se deparam cada vez mais com um labirinto de complexidades. As exigências não param de crescer: desde demandas do mercado até regulamentos, passando por evolução tecnológica, produtividade, qualidade e prazos. A busca incessante por atender a todos esses requisitos pode levar as empresas a decisões conflituosas, resultando em ações desencontradas que, por sua vez, ampliam ciclos de execução e elevam custos. O resultado? Uma queda acentuada na produtividade e na eficiência.

A concorrência, que se intensifica a cada dia, impõe desafios ainda mais significativos no desenvolvimento e na manufatura de novos produtos e serviços. É crucial que esses lançamentos sejam concluídos dentro de um custo que assegure as margens de lucro esperadas, trazendo soluções inovadoras que realmente agreguem valor ao cliente e garantam um alto nível de confiabilidade. Nesse ambiente de prazos exíguos e resultados incertos, a necessidade de uma organização meticulosa e sistemática se torna premente, frequentemente manifestando-se na forma de projetos. Assim, a gestão de projetos se revela fundamental.

Entretanto, com a multiplicidade de iniciativas ocorrendo simultaneamente e competindo por recursos limitados, o tradicional conceito de "time do projeto" se dissolve. As empresas enfrentam um dilema constante: atender às demandas já acordadas ou priorizar as novas oportunidades. Isso resulta em um emaranhado de projetos em andamento, todos buscando compartilhar os mesmos recursos escassos, enquanto cada um tenta alcançar suas metas. Novos projetos surgem, mesmo diante de sobrecargas, na crença de que atrasos são inevitáveis. A urgência se torna a norma; prioridades mudam a todo momento, recursos se tornam objetos de disputa e, inevitavelmente, conflitos surgem, transformando o ambiente multiprojeto em um espaço tenso e desmotivador. O impacto? Resultados que já eram negativos tendem a piorar, com prazos se estendendo, custos aumentando e clientes insatisfeitos buscando novos fornecedores.

Na tentativa de domar essa tempestade, as organizações se lançam em uma busca por maior detalhamento e controle gerencial, na esperança de encontrar previsibilidade – um reflexo do que chamamos de "busca de certeza na incerteza". Contudo, a realidade é marcada por interações complexas entre diversos agentes e forças, muitas vezes imprevisíveis. Como bem destacou Nassim Taleb, "os sistemas estão repletos de interdependências difíceis de se detectar; de respostas não lineares e restrições". Compreender o funcionamento das partes isoladas não é suficiente para decifrar o todo.

Mesmo na "Era da Informação", repleta de avanços tecnológicos, a gestão ainda se apega a paradigmas que datam da Revolução Industrial. O modo como controlamos recursos financeiros, planejamos atividades, gerenciamos pessoas e buscamos eficiência permanece preso a pressupostos de um século atrás. Isso gera um paradoxo: enquanto vivemos a transformação digital, enfrentamos uma das maiores crises de produtividade da história.

Na prática tradicional da gestão de projetos, as estimativas para escopo, aquisições, recursos, riscos e custos são frequentemente feitas de maneira fragmentada e determinística, como se buscássemos garantir alguma "certeza" em meio à incerteza. Contudo, como Peter Senge observou, "geralmente é o próprio sistema que gera suas crises, e não forças externas ou erros individuais".

Ainda que tentemos implementar novas abordagens, como as filosofias *Lean* ou métodos ágeis, muitas vezes nos deparamos com a resistência da cultura organizacional, que se agarra a hábitos do passado. A força do costume nos leva a manter as mesmas "regras de convivência", fazendo com que as soluções inovadoras pareçam inexistentes.

Este livro não tem a intenção de dissecar os processos e as atividades de cada uma das dez áreas de conhecimento da gestão de projetos. Em vez disso, busca ressaltar a importância de reconhecermos as variabilidades, interdependências e fragilidades que permeiam o nosso trabalho. A proposta é desenvolver estratégias que lidem com as incertezas e aleatoriedades que estão presentes em cada etapa do processo, desmistificando a ideia de que podemos atribuir "certezas às incertezas" que nos cercam.

Focando na gestão das incertezas, o objetivo é oferecer mecanismos que abordem a escassez, a insegurança e as limitações das práticas tradicionais, por meio da adequação de processos e práticas gerenciais que promovam um sistema de gestão robusto e antifrágil. Afinal, em um mundo em constante mudança, é preciso abraçar a incerteza como parte do jogo e encontrar formas de prosperar mesmo em meio ao caos.

1. Entendendo o contexto

Não há nada tão inútil quanto fazer com grande eficiência algo que não deveria ser feito.

Peter Drucker

Para entender o contexto geral em que a gestão de projetos ocorre, precisamos considerar três perspectivas: externa, humana e empresarial. Munidos desse entendimento, estratégias devem ser estabelecidas para mudar o paradigma gerencial atual, agregando-lhe capacidade de gestão holística, adaptativa e preventiva, de forma a viabilizar a execução e o efetivo atendimento das metas empresariais e, de preferência, fazer isso em menor tempo, com maior qualidade e gastando-se menos.

1.1. Perspectiva externa

VUCA é um acrônimo para Volatilidade, Incerteza, Complexidade e Ambiguidade. Ele surgiu na década de 90 no ambiente militar para explicar o mundo no contexto pós-Guerra Fria. No entanto, ele também se aplica ao ambiente de negócios atual, o que gera novos desafios para as organizações e seu gerenciamento de projetos.

- **Volatilidade:** está ligada à imprevisibilidade de resultados e sua magnitude (não linearidade – resposta desproporcional) em relação às coisas que a afetaram. Ao gerenciar projetos, é mais importante estar preparado para o inesperado do que tentar prevenir todas as possibilidades.

- **Incerteza:** refere-se à falta de conhecimento de eventos futuros e suas consequências. Apesar da grande disponibilidade de informações atualmente, elas não necessariamente são úteis para entender o futuro. Mesmo que consigamos compreender as relações de causa e efeito de uma situação do projeto, devido a interações futuras em múltiplas variáveis, suas consequências podem ser imprevisíveis.

- **Complexo:** refere-se a múltiplas partes conectadas, formando uma elaborada rede de informações, decisões, ações e consequências. Interpretação e gestão tornam-se mais complexas à medida que o número de partes conectadas e interdependentes aumenta. Os modelos tradicionais de gestão e tomada de decisão não são adequados para lidar com o número de variáveis desses contextos interconectados. Os resultados de ações isoladas não podem ser previstos ou controlados, já que estão inseridos em um sistema complexo, interdependente e dinâmico.

- **Ambíguo:** representa a falta de precedentes para fazer previsões confiáveis. A ambiguidade é essa falta de clareza e concretude. Os impactos de uma decisão não podem ser analisados com base apenas em históricos e em experiências anteriores, pois é um novo cenário, com diferentes interações entre as variáveis envolvidas nos projetos. Isso dá margem a múltiplas interpretações igualmente pertinentes.

1.1.1. Como lidar com a incerteza e a insegurança de resultados?

Dado o contexto externo VUCA, apenas as empresas que despertarem vão conseguir sobreviver e perpetuar. A notável mudança do antigo ambiente (estável, com demandas previsíveis e processos rotineiros) para o novo (instável, de necessidades personalizadas, inovadoras e customizadas) exige uma gerência do "único", em que a maioria das demandas passa a seguir os preceitos básicos de um projeto: "esforço temporário empreendido para criar um produto, serviço ou resultado exclusivo". Ou seja, a gestão de projetos nunca foi tão importante e necessária como agora. Mas suas práticas de gestão estão adequadas e são eficientes ao lidar com esse contexto VUCA?

Nesse novo ambiente, previsões passam a ser meras conjecturas e tomar decisões com base nelas é um risco de consequências imprevisíveis.

Estimativas são necessárias para o planejamento, mas querer prever o futuro e acreditar cegamente em sua previsão é fadar-se ao erro. Nas palavras de Eliyahu Goldratt, coautor do *best-seller A Meta* (Goldratt; Cox, 2014), o modelo de gestão tradicional "busca certeza na incerteza". Portanto, essa busca passou a ser uma das maiores falácias e limitações da gestão.

Podemos até tentar prever resultados e comportamentos com base em ações anteriores, mas o resultado sempre é influenciado por fatores específicos, de situações particulares. Portanto, os erros de previsão são inevitáveis, pois o mundo é imprevisível e o futuro naturalmente incerto.

Quando algum "especialista" lhe apresentar uma previsão para os próximos anos, lhe solicite a previsão que ele fez dos anos anteriores. Nossa capacidade de prever acontecimentos raros e impactantes não está próximo de zero; ela é zero. E o pior é que os prognósticos não são neutros, mas sim prejudiciais.

Nassim Taleb

Nos projetos, sem uma forma de simular alternativas e avaliar seus resultados, é fácil acreditar que uma decisão foi boa; afinal, foi um caminho de direção única.

O que precisamos é de abordagens que considerem a existência das incertezas e permitam, de maneira oportuna, a adequação de nossas rotas e ações. Algo que nos dê capacidade de prévia identificação de tendências e de alternativas de ação, visando o atingimento de nossas metas.

Lidar com tal dinamismo requer grande capacidade de adaptação e certa "antifragilidade" em relação aos imprevistos.

Não se pode confundir a ausência de evidências com a evidência de ausência (inexistência).

Nassim Taleb

1.2. Perspectiva humana

Além do contexto externo, é crucial reconhecer nossas limitações humanas, tanto biológicas quanto cognitivas. Embora o cérebro humano tenha se desenvolvido e aumentado muito de tamanho ao longo de nossa evolução, muitos dos nossos processos cognitivos ainda se baseiam em instintos básicos, relacionados a sobrevivência e reprodução. Diante de uma interpretação de perigo, reações instintivas do tipo "lutar ou fugir" vêm à tona.

O córtex pré-frontal, região do cérebro responsável pelo processamento lógico, surgiu relativamente tarde na evolução da espécie humana – já as emoções e os instintos estavam com nossos ancestrais há muito mais tempo. Por isso elas são tão fortes e nos influenciam tanto.

Na leitura e interpretação do ambiente, além da avaliação de dados e informações, devemos ser capazes de identificar fatos, distinguindo-os de suposições, hipóteses, crenças ou opiniões, e determinar suas causas e consequências.

Quando tentamos entender por que a liderança (e nós mesmos) toma decisões equivocadas, entra em cena a hipótese do desfasamento, a qual busca demonstrar que, embora tenhamos saído da Idade da Pedra, ela ainda não saiu de nossos cérebros. Essa diferença de fase, entre a "idade da informação" de nosso contexto e da "idade da pedra" de nosso modelo cognitivo, pode ser o causador de muitos problemas.

1.2.1. Volume de informações

Nós, seres humanos, temos limitada capacidade para processar informações em paralelo. No campo de estudo da ciência cognitiva, o psicólogo George Armitage Miller identificou o número mágico "sete, mais ou menos dois" como um indicativo de volume de dados que conseguimos lidar simultaneamente (memorizar, lembrar e utilizar esses dados). Isso pode incluir informações como o número do celular de alguém ou os valores de cotação dos equipamentos necessários para um projeto. Ou seja, temos forte limitação para lidar com múltiplas informações.

1.2.2. Vieses e simplificações

O difícil não é implementar novas ideias na cabeça das pessoas, mas retirar as antigas.

Mary Lippit

Nós possuímos conceitos preconcebidos, vieses e restrições de processamento que dificultam nossa visão de conjunto e entendimento das capacidades de estabelecer relações de causa e efeito entre os elementos envolvidos e atrapalha o entendimento das interdependências para escolher as melhores decisões, seja para o presente ou futuro. Agimos de forma altamente intuitiva. Decidimos com base em hábitos.

Muitos estudos têm evoluído o entendimento sobre como pensamos e nossa incrível capacidade de gerar ideias a partir de correlações e abstrações sobre a realidade.

Mas, na busca por economia de energia, nosso cérebro restringe previamente as opções e escolhe uma delas antes que possamos perceber o que ele fez. Estamos sujeitos a várias inclinações irracionais e, geralmente, não estamos cientes de como elas afetam nosso comportamento e nossas decisões.

Como "máquinas associativas", estamos constantemente tentando conectar informações que nem sempre têm relação real. Sofremos da "ilusão de padrão", onde fatos aleatórios são tratados por nosso cérebro como relacionados. Por exemplo, algumas pessoas criaram a crença de que os acidentes aéreos estão relacionados entre si e sempre ocorrem em uma sequência de três. Contudo, não existe nenhuma relação entre os acidentes, cada um possui sua combinação de causas.

Somos ávidos por padrões e temos fé em um mundo coerente em que as regularidades não aparecem por simples acaso, mas como resultado de uma causalidade mecânica ou pela intenção de alguém.

Mesmo processos casuais geram muitas sequências que levam as pessoas a acreditar que existe uma "regra", um padrão, e que, portanto, não é fortuito. Essa busca equivocada por padrões tem geralmente consequências desastrosas. Se seguirmos sempre nossa intuição, vamos cometer o erro de classificar erroneamente um evento aleatório como sistemático.

1.2.3. A intuição em primeiro lugar

Previsões intuitivas são insensíveis à qualidade preditiva real de evidências já apresentadas. Quando nosso cérebro associativo encontra uma "ligação", nossa visão particular do mundo se impõe ("o que vê é tudo que há"). Nossa memória associativa e causal constrói a melhor história possível a partir da informação disponível, independentemente de sua completude ou qualidade.

Como "o que vê é tudo que há", temos a reconfortante convicção de que o mundo faz sentido, graças à nossa capacidade quase ilimitada de ignorar nossa própria ignorância.

A ilusão de que compreendemos o passado alimenta a ilusão de que podemos prever e controlar o futuro.

Atenção: sua intuição produzirá previsões muito extremas e você irá depositar excessiva fé nelas!

O maior obstáculo para as descobertas não é a ignorância, é a ilusão de conhecimento.

Eliyahu Goldratt

Como diz um grande amigo meu, Rafael Sávio Morais de Carvalho, "as pessoas falam muito do que conhecem muito pouco".

Em 95% das vezes, nossas escolhas são feitas de forma rápida e intuitiva, suscetíveis a vieses e consequentes erros.

Contrariamente às regras da ciência, que aconselham testar hipóteses tentando refutá-las, as pessoas buscam dados que tenham maior probabilidade de se mostrarem compatíveis com as crenças que possuem no momento. É o "viés de confirmação", que dá conforto às conclusões intuitivas e precipitadas.

Talvez a voz da razão seja mais discreta do que o barulho estridente de uma intuição equivocada, e questionar nossas suposições é desconfortável quando enfrentamos o estresse de uma decisão importante.

Muitos desses erros no pensar foram identificados e têm sido estudados. Áreas como a chamada "economia comportamental" buscam técnicas para ajustar nosso comportamento, que, por vezes, pode ser irracional.

> *O mundo faz muito menos sentido do que você pensa. A coerência deriva principalmente do modo como sua mente funciona.*
>
> *Daniel Kahneman*

Portanto, em resumo, somos seres limitados, que buscam a simplificação ("o que vemos é tudo que há no mundo"), a associação de informações e, em nossos hábitos e crenças, a base para nossas escolhas e decisões.

Meu grande amigo e irmão na vida, Wantuir Felippe da Silva Junior, em seu livro *Conselhos com vinho, decisões com água* (2023), aprofunda o entendimento sobre o impacto das armadilhas mentais e vieses humanos no processo decisório, trazendo estratégias para a melhora dos julgamentos e tomada de decisão.

1.2.4. Limitações humanas

Quanto mais complexo o ambiente, mais interdependências, variação de parâmetros e efeitos inesperados teremos. É, portanto, praticamente impossível ao ser humano avaliar todos os fatores e interpretar todas as relações de causa-efeito que estão governando a realidade e tomar adequada decisão.

Diversos estudos têm demonstrado que a intuição e as decisões humanas são inferiores a uma fórmula ou algoritmo quando o assunto é previsão. As pessoas frequentemente acreditam que suas decisões são superiores por terem mais informações, porém, na maioria das vezes, estão enganadas.

As respostas humanas podem ser inclusive contraditórias. Uma pessoa pode dar um parecer diferente sobre um mesmo assunto por conta de uma simples mudança de humor, cansaço ou quaisquer outros estímulos do ambiente.

O fato de que o futuro é imprevisível é solapado diariamente pela facilidade com que o passado é explicado em nossas mentes. Nossa tendência de construir narrativas coerentes sobre o que já ocorreu faz com que seja difícil para nós aceitarmos os limites de nossa capacidade de fazer prognósticos. Em retrospectiva, tudo parece fazer sentido (para nós). A ilusão de compreender o passado fomenta a super confiança de que podemos prever o futuro.

O problema é que as pessoas podem olhar em retrospectiva e fazer uma escolha seletiva dentre suas afirmações anteriores (muitas vezes contraditórias) e acabar convencendo a si e aos outros de que estavam certas.

Nossa mente tenta tornar a história suave e linear, levando-nos a subestimar a aleatoriedade que verdadeiramente aconteceu.

Um complicador é que a decisão e seu resultado podem ocorrer em tempos distintos, e o impacto de uma escolha errada pode não mais impactar quem decidiu. O peso das decisões empresariais requer pensar além do imediato, ponderando o impacto duradouro de nossas ações.

Uma apreciação imparcial da incerteza é o alicerce da racionalidade, mas nem sempre é isso que as pessoas e organizações fazem. Muitas vezes acabamos por ter previsões ousadas e decisões tímidas (excesso de confiança e aversão a riscos).

> *Da mesma forma que um piloto não deve aprender a pilotar em um avião cheio de gente, um gestor não deveria tomar decisões na base da tentativa e erro. Há tantos destinos humanos atrelados às decisões dos gestores quanto às dos pilotos.*
>
> *Arie de Geus (ex-chefe do Grupo de Planejamento Estratégico da Shell)*

É imperativo reconhecermos que a jornada rumo à excelência em gestão de projetos exige de nós uma postura de humildade frente às nossas próprias limitações. Devemos estar conscientes de que nossos julgamentos e percepções sobre o que ocorre nos projetos podem ser parciais e influenciados por vieses ocasionalmente incorretos.

É fundamental implementar processos rigorosos e usar ferramentas robustas que proporcionem algum tipo de suporte. Esses mecanismos devem nos auxiliar na avaliação preliminar da qualidade/validade das informações que obtemos. Além disso, é essencial que adotemos uma abordagem holística na análise de tendências e seus respectivos impactos.

Somente por meio dessas práticas será possível viabilizar a formulação de decisões mais acertadas, assim como a implementação de ações preventivas e eficazes. Portanto, é através da integração dessas estratégias que poderemos aspirar a uma gestão de projetos verdadeiramente proativa eficiente e produtiva.

> *Para pensarmos com clareza, deveríamos ver tudo como cientistas e abordar os desafios como experiências de potencial aprendizado, buscando sempre as relações de causa e efeito que governam a realidade. Devemos agir de maneira "humildemente arrogante": sermos humildes, conscientes de que não sabemos tudo e que as coisas provavelmente não sairão como planejado na primeira tentativa. Mas confiantes em nossa capacidade de resolver problemas, com a convicção de que podemos melhorar significativamente qualquer situação.*
>
> *No final, nós é que decidimos se vamos ficar frustrados com um insucesso ou tratá-lo como oportunidade, pois agora sabemos o que deve ser corrigido em nosso experimento.*
>
> *Eliyahu Goldratt*

1.3. Perspectiva empresarial

1.3.1. Por que é difícil implantar mudanças?

Nas empresas, todos buscam duas coisas: sobreviver e evoluir. São utilizados todos os meios possíveis para alcançar metas. As pessoas se esforçam para cumprir os objetivos a que foram atribuídos.

Uma proposta de mudança, se entendida como um risco à sobrevivência ou evolução pessoal, passa a ser tratada como um obstáculo aos objetivos individuais de carreira. Devemos avaliar como as mudanças propostas afetam o ambiente de trabalho e a adaptação às normas de convivência. Precisamos pensar na mudança sob o ponto de vista dos envolvidos, buscando gerar soluções que promovam o ganha-ganha entre organização e colaboradores.

1.3.2. Metas locais *versus* globais

Quando uma empresa gera "metas estreitas" (foco no resultado só da sua área ou departamento) na tentativa de responsabilizar a pessoa na função/cargo, obtém como consequência resultados igualmente estreitos e medíocres.

"— Se preciso atender apenas ao que me foi atribuído, por que vou fazer além? Se a mudança proposta der certo, não serei beneficiado! Mas se for um fracasso, certamente serei prejudicado."

A problemática relacionada à forma como as empresas se subdividem em áreas, com responsabilidades e objetivos segregados, gera conflitos e divergência de prioridades ("silos departamentais") e é bem conhecida e debatida.

Infelizmente, nota-se que na gestão de projetos, disciplina que deveria ter por objetivo entrelaçar e coordenar processos e áreas, de forma a alcançarem os resultados pretendidos, o mesmo modelo de "silos" ocorre, com cada área buscando atender às suas metas locais (indicadores de performance funcionais), muitas vezes desatreladas dos resultados almejados nos projetos.

A falta de alinhamento e convergência de prioridades entre as áreas de negócio (demandantes) é outro ponto de ineficiência. Cada uma busca definir seu modelo de gestão, seus prazos, suas metas e sua governança, aumentando a burocracia e os ciclos de duração, afastando a empresa de obter a esperada "agilidade" na obtenção dos resultados e desarticulando quaisquer estratégias de evolução corporativa.

As empresas devem definir responsabilidades e metas voltadas aos seus objetivos globais. Fazer com que a cooperação e a evolução sejam necessárias, desejadas e benéficas para todos.

É necessária certa "humildade departamental", com áreas se subordinando às diretrizes da empresa. São imprescindíveis estratégias e táticas corporativas que tornem os objetivos claros e direcionem as ações departamentais, incentivando e reconhecendo seus líderes por serem empreendedores da empresa, não de suas "lojinhas". Sem isso, não existirá base para a cooperação e foco sistêmico nos projetos, necessários para a alavancagem da eficiência, produtividade e lucratividade.

No livro *Seis regras simples* (2019), Yves Morieux e Peter Tollman descrevem que ambientes complexos requerem flexibilidade, criatividade e proatividade. Precisamos que as pessoas utilizem sua inteligência e capacidade de discernimento, o que só é possível com autonomia e cooperação.

Cooperar é considerar o que você faz – suas decisões e ações – em relação às necessidades e situações dos outros. As pessoas só cooperam quando o contexto de trabalho faz com que a cooperação seja individualmente útil.

Portanto, precisamos entender a circunstância na qual o trabalho está ocorrendo, formular hipóteses dos motivos que levam as pessoas a se comportarem como se comportam; validar tais hipóteses e então, implementar soluções que mudem o contexto.

É fundamental entender que o comportamento humano é resultado do ambiente e do contexto em que está inserido. Evite julgar, pois as pessoas só estão tentando buscar formas de lidar com a complexidade de suas interdependências, com vistas a atenderem ao que lhe foi atribuído.

Precisamos criar um contexto em que o sucesso de cada pessoa depende do sucesso de todos, assim como o desempenho global depende da cooperação entre indivíduos e grupos. Todos precisam ter interesses mútuos na cooperação.

1.3.3. Sistemas, suas restrições e fragilidades aos resultados

Sistema é um conjunto de elementos interdependentes e diversificados que formam um todo organizado como uma cadeia. Todas as entidades metodicamente organizadas, incluindo as empresas, podem ser consideradas sistemas.

Os sistemas estão repletos de interdependências difíceis de se detectar e de respostas não lineares (dobrar a dose não significa dobrar os resultados). Associações causais simples são equivocadas; é difícil perceber como as coisas funcionam observando apenas as partes isoladas.

> *Todo sistema deve ser pensado, analisado e abordado pelo todo. O ÓTIMO GLOBAL é muito maior do que a soma dos ÓTIMOS LOCAIS!*
>
> *Eliyahu Goldratt*

O desempenho do sistema depende dos esforços conjuntos de todos os seus elementos, e o ritmo será cadenciado pelo elemento do sistema que apresentar o menor desempenho – seu elo mais fraco, sua restrição.

Considerando que a resistência da corrente é definida pelo componente mais frágil, a primeira medida para aprimorar uma organização deve ser reconhecer e administrar seu componente mais fraco – sua restrição.

Quando estamos cientes de nossas restrições e as gerenciamos adequadamente, maximizamos a eficiência de nosso sistema atual, pois essas limitações determinam a capacidade máxima de desempenho do sistema em sua totalidade. Mas no caso contrário, quando não temos noção de nossas restrições, seus efeitos só deterioram os resultados e temos um ambiente de "fragilidade sistêmica".

Ao longo dos próximos tópicos, iremos ressaltar as restrições e fragilidades que precisamos gerenciar, de forma a obtermos sucesso em nossos projetos.

Tipos de restrição:

- **Física:** normalmente recursos, mas também pode ser outros itens tangíveis, tais como escassez de material, dinheiro ou falta de espaço.
- **Política:** formas de trabalho necessárias ou recomendadas. Exemplos: procedimentos da empresa (como processos de aquisição ou política de horas extras), contratos sindicais ou regulamentos governamentais.
- **Paradigma:** crenças enraizadas ou hábitos. Exemplo de crença: "devemos sempre manter nossa equipe 100% carregada, para garantia de eficiência máxima".
- **Mercado:** ocorre quando a capacidade de atendimento é maior que a demanda (mercado pouco demandante).
- **Atenção gerencial:** qualquer organização tem um número finito de gestores com limitado tempo para avaliar e decidir sobre diversos assuntos, tornando seu tempo uma restrição.

Na gestão de projetos, temos restrições associadas a:

- **Orçamento:** limitações financeiras para a execução dos projetos.
- **Duração do projeto:** sequência sem folgas, que limita seu prazo de entrega.
- **Volume de projetos em execução (WIP – *Work in Progress*):** limites de capacidade do recurso crítico para o atendimento dos projetos do portfólio.

- **Recursos (pessoas, equipamentos, materiais):** limite físico, tanto pela quantidade quanto pela competência de recursos requeridos simultaneamente.
- **Paradigmas gerenciais:** limitações decorrentes de modelos de gestão enraizados na organização (políticas, procedimentos, cultura organizacional).
- **Atenção gerencial:** limitações decorrentes da falta de foco e de prioridade de atuação da liderança.

1.3.4. Ambientes "mono projeto" e "multiprojeto"

Ambientes ditos como "mono projeto" são aqueles que gerenciam um projeto por vez e/ou dispõem de recursos dedicados ao projeto – pessoal trabalhando 100% de seu tempo nele.

No entanto, a maioria das organizações não consegue manter uma equipe dedicada para cada iniciativa, compartilhando os recursos entre os diferentes projetos em execução. Esse ambiente dinâmico no qual a alocação de recursos é peça-chave é conhecido como "multiprojeto".

Além das complexas variáveis que cercam um único projeto, existem outras dificuldades que surgem quando passam a existir diversos projetos acontecendo simultaneamente.

É comum que os projetos sejam lançados já com falta de recursos ou mesmo sem avaliação prévia. Isso acarreta a constante priorização entre os projetos, subprojetos e tarefas.

Vários projetos são conduzidos nesse contexto de recursos compartilhados. Embora possamos tentar garantir a participação das pessoas colocando-as nominalmente no "time do projeto", na realidade seus nomes estão em três, quatro ou mais projetos simultaneamente, sendo sua atuação fracionada entre eles.

Em tal ambiente, as técnicas e ferramentas de gerenciamento de projetos tradicionais são pouco ou nada eficientes. A falta de sincronia com as prioridades e a ausência do recurso necessário comprometem não só o prazo como o orçamento, o escopo e a qualidade dos projetos.

O ambiente multiprojeto é complexo e requer controle do volume de projetos em execução, do gerenciamento das suas restrições e de mecanismos que lhe proporcionem proteção e capacidade adaptativa.

Em relação ao planejamento dos recursos, é importante notar que serão os projetos (suas atividades) que passarão pelos recursos, e não mais os recursos que estarão dedicados a um projeto. A alocação efetiva de recursos precisa ser feita quando as atividades se tornarem disponíveis, e não somente através de um planejamento prévio. Vamos tratar este tópico com mais profundidade no capítulo relacionado a cronogramas e recursos.

1.3.5. Como lidar com a incerteza em múltiplos projetos?

Uma organização consiste em um *mix*, constantemente alterado, de grandes e pequenos projetos, que podem ser analisados como um sistema, considerando suas atividades, suas interdependências e seus recursos.

Podemos comparar um projeto (com suas atividades e recursos) a uma corrente e seus elos. Todos os elos da corrente, interconectados, possuem uma mesma meta – gerar o resultado requerido. O principal é perceber que os elos:

1. são interdependentes entre si, estão conectados e contribuem para a mesma meta;

2. não são idênticos e apresentam variação de capacidade e de contribuição à corrente.

Ao operar a corrente e carregá-la com mais peso, notamos que seu elo mais fraco determina a resistência máxima da corrente. Ele é a limitação para o nosso aumento de ganho global, é a restrição de nosso sistema.

Em um projeto com uma extensa rede de precedência, o caminho crítico é nossa restrição para atingir a meta. Quando resolvemos o conflito de alocação de recursos antes da determinação desse caminho crítico, encontramos a nossa corrente crítica. É nisso que devemos focar nossa atenção e nossos esforços gerenciais.

Um problema em alguma parte da corrente crítica pode interromper todo o projeto – de modo que seus diagramas de rede tendem a ficar tão frágeis quanto o mais fraco dos elos em sua cadeia.

Já em um ambiente multiprojeto, um ou mais recursos, utilizados em diferentes projetos simultaneamente, serão a restrição do nosso sistema (portfólio) para a obtenção de nossa meta (o benefício global do portfólio).

Na gestão do ambiente multiprojeto, a analogia se torna um pouco mais complexa. No lugar de uma única corrente, é como se tivéssemos várias correntes formando uma rede entrelaçada. Nesta, a variabilidade não ocorre só nos elos (recursos), mas também é promovida pelas interações entre as correntes na rede. Ela se apresenta nas variações de demandas, de escopos de trabalho, de ciclos, prazos das entregas etc. As interdependências são mais intensas e podem ocorrer entre atividades de diferentes projetos. Isso inclui *inputs* críticos entre projetos, recursos compartilhados ou necessidade de sincronização de prioridades de atuação entre departamentos.

Mas nesse ambiente também podemos identificar e gerenciar as restrições que governam os resultados.

Limitações podem ocorrer por fatores externos, como queda da demanda ou novas regulamentações, e principalmente por elementos internos, tais como orçamento, equipamentos, pessoal ou volume de projetos em andamento.

Restrições são parte inerente aos sistemas, fronteiras que precisamos conhecer e considerar. Cientes da sua existência e localização, podemos tomar decisões que busquem explorá-las e extrair o máximo de eficiência, pois sabemos qual o limite atual ("o elo mais fraco dita a capacidade máxima do sistema").

Na aviação, esse mapeamento de restrições é conhecido como "envelope de voo da aeronave" e se refere a diversos aspectos operacionais cruciais (marcos de velocidades baixas ou altas, ângulo de ataque aerodinâmico, altitudes de voo etc.).

Qual o "envelope de voo da sua empresa" no atendimento aos múltiplos projetos? Quais restrições precisam estar declaradas e gerenciadas?

Importante ressaltar que os limites são do "sistema atual": tanto em uma aeronave como em uma empresa, melhorias podem ser implementadas para ampliar o envelope de voo. Essa condição implica considerar um novo sistema, que pode trazer novas limitações a serem identificadas e gerenciadas.

Note também que a melhoria dos resultados globais virá apenas da atuação na restrição. Qualquer iniciativa em outro "elo da corrente" pode ser uma mudança, mas esta não vai colaborar para a melhoria sistêmica ou a alteração dos resultados globais.

Desconhecer ou ignorar as restrições é conviver com o descontrole, o caos e a fragilidade em todas as direções.

1.3.6. Fragilidade sistêmica

É o sistema e sua fragilidade, e não os acontecimentos, que devem ser estudados.

Nassim Taleb

Se as incertezas dos projetos não forem gerenciadas, eles tendem a ser mais custosos e demorados.

Os efeitos do tipo "Cisne Negro"[1] estão crescendo devido ao aumento de complexidade – múltiplos requisitos, maiores interdependências entre as partes, busca insana pela "máxima eficiência". A pressa e a urgência de tudo levam as pessoas a tomar decisões isoladas, assumindo riscos muito perigosos.

Em qualquer sistema, um parâmetro crítico é sua capacidade de resposta e adaptação ao ser submetido a um distúrbio. Ou seja, quão frágil, adaptativo ou "não frágil" nosso sistema é.

Nassim Taleb criou um termo para esta condição de adaptação, que é o título de seu livro – *Antifrágil* (2013).

A fragilidade de um objeto ou sistema refere-se à sua vulnerabilidade em face de aleatoriedades e incertezas que possam afetá-lo. Essa vulnerabilidade é especialmente evidente quando consideramos os impactos que essas influências externas podem causar. Para algo considerado frágil, a intensidade dos danos tende a aumentar à medida que a força do impacto se intensifica; no entanto, esse crescimento não segue uma trajetória linear. Em outras palavras, a relação entre a intensidade do impacto e o dano resultante é complexa e, muitas vezes, imprevisível.

O efeito cumulativo de uma série de pequenos impactos pode ser significativamente menor do que o impacto isolado de um evento de grande magnitude. Um objeto que suporta pequenas pressões repetidas pode parecer resistente até que um único evento extremo cause uma ruptura. Assim, as respostas a esses impactos são frequentemente desproporcionais, refletindo uma sensibilidade acentuada a alterações abruptas. Essa dinâmica ressalta a importância de compreender a natureza das interações e os limites de resistência dos sistemas, permitindo-nos antecipar e mitigar os riscos associados à fragilidade em diversos contextos, desde estruturas físicas até interações sociais e econômicas.

---

[1] O "Cisne Negro" é o improvável ocorrendo. Ele pode ser positivo ou negativo, mas é igualmente inesperado. "Há coisas que sabemos (fatos conhecidos), há coisas que não sabemos (desconhecimento conhecido) e há coisas que não sabemos que não sabemos (desconhecimento desconhecido – o cisne negro)".

Por exemplo: saltos de poucos centímetros não geram estragos acumulativos. Mas saltar de uma altura de dez metros vai feri-lo mais do que saltar de um metro dez vezes. Um aumento na intensidade causa mais danos do que os benefícios da diminuição correspondente (respostas desproporcionais).

Isso evidencia o princípio de que o frágil é aquele que é danificado muito mais por eventos extremos do que por uma sucessão de eventos pequenos.

Algumas aleatoriedades menores podem ser entendidas como "normais", enquanto outras, maiores e mais impactantes, podem ser classificadas como extremas.

- **Aleatoriedades normais:** as aleatoriedades ditas "normais" são representadas por eventos com muitas variações, que podem até parecer assustadoras, mas que tendem a se anular no grupo (em casos em que os eventos não sejam interdependentes e, portanto, cumulativos).

- **Aleatoriedades extremas:** o oposto acontece nas imprevisíveis variações "extremas", onde existe uma aparente estabilidade e ocasionalmente surge um grande caos, com consequências significativas. Enquanto a "aleatoriedade normal" apresenta um monte de pequenas variações, a extrema varia em blocos – em saltos e com baixa previsibilidade.

Pequenas variações nas atividades de um projeto não necessariamente causam atrasos significativos, pois nem todas estão no caminho crítico e algumas possuem 'folgas' para acomodar tais variações. Contudo, uma aleatoriedade extrema nessa mesma atividade provavelmente vai torná-la parte do caminho crítico do projeto e afetar sua tendência de entrega.

No seu livro (2013), Taleb explica que a fragilidade de qualquer sistema resulta da combinação, em diferentes graus, dos seguintes elementos:

- **Escassez:** a falta de recursos requeridos para a continuidade das ações (restrições extremas).

- **Falta de segurança:** indisponibilidade de mecanismos que absorvam aleatoriedades no sistema (falta de proteção contra variações).

- **Falta de alternativas:** inexistência de planos "B", de rotas alternativas que superem ou contornem os impactos gerados pelo distúrbio (falta de ação de recuperação ou adaptação).

A antifragilidade vai além da resiliência; envolve superar a adversidade e emergir mais forte. É lidar eficazmente com imprevistos e aleatoriedades, adaptar-se e, ao ajustar o curso, alcançar resultados superiores aos planejados originalmente.

Este é o princípio fundamental da antifragilidade: não queremos apenas sobreviver à incerteza, à aleatoriedade e ao caos. Queremos usá-los, já que não temos como fugir deles.

Tentar privar os sistemas complexos da volatilidade e da aleatoriedade só os prejudicará.

A ilusão central é a de que incertezas e aleatoriedade são ruins e arriscadas, e que a remoção delas é feita eliminando-as, o que por definição é impossível no ambiente de projetos: "esforço único, temporário e progressivo, empreendido para criar um produto, serviço ou resultado exclusivo".

Tentar controlar à força as variabilidades normais (por exemplo: estimativas de duração das atividades) provoca a passagem do "mediocristão" (crença de que a duração será realmente a prevista) para o "extremistão" (fragilização do projeto e atraso de entregas).

É mais fácil descobrir se algo é frágil – **possui escassez, falta de segurança e alternativas** – do que prever a ocorrência de um evento capaz de prejudicá-lo.

Avaliação de fragilidade sistêmica

A análise da fragilidade de um sistema nos permite avaliar seu comportamento em face a perturbações. Tal diagnóstico é muito mais efetivo do que a tentativa infrutífera de fazer previsões sobre os alternativos eventos futuros. A fragilidade é bastante mensurável; o aleatório e imprevisível, não.

Portanto, a técnica de identificar o dano e sua progressão se aplica a qualquer situação que envolva tomar decisões incertas e gerenciar seus riscos.

Alguns danos que fragilizam, no ambiente de projetos, são: a desproporcional progressão de consumo de tempo ou dinheiro, o aumento de filas de atividades nos recursos, o crescimento do volume de atividades interrompidas ou em retrabalho, as mudanças constantes de escopo etc. Todas essas situações fragilizam o sistema e, sem controle adequado, crescerão de forma não linear e desastrosa.

Podemos avaliar nosso sistema de gestão de projetos em relação à tríade **frágil, robusto ou antifrágil**, a saber:

- **Gestão de projetos frágil:** planejamento determinístico (crença de que o real será exatamente como planejado), demasiadamente otimista, que não considera interdependências e trata recursos como ilimitados.

- **Gestão de projetos robusta:** é caracterizada pelo planejamento que trata interdependências em sua modelagem e lida com as incertezas das atividades, considerando variabilidades e probabilidades de resultados. Considera limitações de recursos e possui mecanismos de segurança como reserva de recursos, tempo e dinheiro para lidar com a volatilidade de suas realizações. Adicionalmente, possui a habilidade de avaliar tendências e atuar preventivamente, mostrando alternativas e adaptabilidade.

- **Gestão de portfólio antifrágil:** seu planejamento considera a contribuição dos projetos para o atendimento das estratégias, inclui verificação de restrições do portfólio (orçamentárias, humanas, de equipamentos ou infraestrutura), possui mecanismos de segurança para a programação dos projetos, tais como controle do WIP (*Work in Progress*) e reserva de recursos, tempo e dinheiro (redundâncias[2] – trata a volatilidade dos resultados), e sincroniza prioridades, tanto das demandas quanto dos trabalhos a serem executados. Possui a capacidade de avaliar tendências holisticamente e atuar preventivamente nas correções das rotas (alternatividade e adaptabilidade). Aprende com seus erros e evolui a partir deles.

1.3.7. Redundância

Imagine um guarda-chuva em um dia ensolarado. A princípio, carregá-lo quando o céu está claro pode parecer pura redundância, talvez até um desperdício de energia e espaço. No entanto, quando uma chuva inesperada surge, o guarda-chuva revela sua verdadeira utilidade, protegendo quem o carrega das intempéries repentinas. Esse é um exemplo clássico de como algo que parece redundante pode, na verdade, ser uma estratégia inteligente e antifrágil.

Da mesma forma, pense nos *airbags* de um carro. Durante a maior parte do tempo eles permanecem ocultos, e poderíamos questionar sua utilidade no dia a dia. Contudo, em um momento crítico, no caso de uma colisão, esses dispositivos

---

[2] A redundância pode parecer um desperdício, se nada anormal acontecer. Só que – normalmente – algo incomum acontece.

se transformam em salvadores de vidas. A presença de *airbags* no veículo, portanto, não é uma ineficiência ou um desperdício, mas uma preparação vital para um evento raro, porém possível.

> *Algo aparentemente redundante, feito para reagir a um agente estressor, é um mecanismo de antifragilidade e, neste entendimento, o que pode ser encarado como "ineficiência" é bastante eficiente.*
>
> *Nassim Taleb*

1.3.8. Fontes de fragilidade

Sistemas são frágeis devido à escassez, à falta de segurança e à falta de alternativas. Variabilidades e aleatoriedades naturais também os afetam. É necessário identificar e gerenciar essas fontes adequadamente.

Fragilidade por escassez

Sistemas podem se tornar frágeis pela escassez de seus recursos (humanos, equipamentos, dinheiro) ou até mesmo pelo seu modelo de gestão inadequado, em que qualquer variação não prevista gera grande impacto negativo.

Por exemplo, querer definir previamente data de início, duração e data de término para cada atividade é uma "busca de certeza na incerteza", uma passagem só de ida ao "Extremistão". Esse tipo de determinismo e "simplificação da realidade" é uma tentativa de mudar a natureza das coisas por imposição. Porém, geralmente é a realidade que se impõe e, nesse ambiente, projetos atrasam.

Na mitologia grega, Procusto fazia com que as pessoas se adaptassem perfeitamente à sua cama, cortando ou esticando suas pernas. Não sejamos os "Procustos" de nossos projetos!

Fragilidade por falta de segurança

Sistemas podem se tornar frágeis pela falta de segurança quando não possuem formas de absorver imprevistos. Diante de uma perturbação, simplesmente não resistem e falham.

Imprevistos certamente vão ocorrer. Alguns têm teor negativo, como indisponibilidade de um equipamento crítico ou atraso em um fornecimento. Mas a empresa também pode ser impactada por imprevistos positivos, como numa nova e lucrativa oportunidade de negócio que não terá condições de atender.

Proteções e redundâncias, por vezes, podem ser mal compreendidas e interpretadas como um desperdício, uma ineficiência.

Manter recursos ociosos para lidar com imprevistos pode parecer custoso e, à primeira vista, contradizer filosofias que buscam "eficiência máxima" e um funcionamento enxuto. Contudo, é imperativo que realizemos uma análise mais profunda do fluxo de trabalho e do contexto no qual estamos inseridos.

É inegável que a presença de profissionais como bombeiros ou médicos de pronto-socorro, que permanecem à espera de uma ocorrência, é essencial. Esses imprevistos, que podem surgir a qualquer momento, não se limitam apenas a esses ambientes críticos, mas podem acontecer em diversas esferas de nossas vidas e atividades.

O princípio da redundância se manifesta em muitos sistemas complexos. Por exemplo, no corpo humano temos dois rins que garantem a funcionalidade mesmo em caso de falha de um deles, além de um sistema neural que apresenta redundância em suas conexões. Isso também é observado na aviação: aeronaves são equipadas com dois motores e sistemas de *backup* para garantir a segurança dos voos.

A redundância, seja em sistemas ou em recursos, pode ser considerada ambígua, uma vez que, à primeira vista, parece desnecessária, especialmente quando nada anormal ocorre. Entretanto, na essência da operação de qualquer sistema, a realidade é que, normalmente, algo incomum tende a acontecer. Assim, aquilo que pode ser visto como uma redundância, projetada para responder a um agente estressor, revela-se um mecanismo de antifragilidade. Sob essa perspectiva, o que à primeira vista é interpretado como "ineficiência" se mostra, na verdade, extremamente eficiente. Portanto, é crucial que repensemos a forma como encaramos a alocação de recursos e reconheçamos a importância de estarmos preparados para o inesperado, garantindo, assim, a resiliência e a continuidade das operações em face de adversidades.

Sob condições mais estáveis, como as de mercados cativos, monopólio ou de forte regulamentação, os gerentes procederão bem ao procurar otimizar a eficiência – foco na redução de custos; resultados máximos com o mínimo de recursos. Essa abordagem, embora válida em contextos controlados, revela suas limitações quando as circunstâncias se alteram. A flexibilidade organizacional se torna crucial, pois, caso as aparentes situações de controle sejam abaladas, essa escassez de recursos impossibilitará a empresa de se adaptar e atender às suas demandas.

A citação de Goldratt, "não se pode vender ou eliminar a capacidade protetiva", ressalta a importância de manter um espaço de manobra em um cenário de incertezas.

O impacto da fragilidade pode ser representado por uma linha côncava; já a antifragilidade, por uma trajetória convexa. Ao avaliar como mais projetos afetam as entregas, vemos a curva ir de convexa para côncava de maneira não linear, evidenciando a necessidade de gerenciar o trabalho em andamento e a capacidade de lidar com imprevistos.

Este é o problema-chave: a falta de compreensão da resposta não linear dos sistemas por aqueles envolvidos na criação de soluções enxutas. Operar perto ou até acima da capacidade máxima, com o mínimo ou nenhuma redundância (capacidade protetiva), transforma os sistemas em estruturas extremamente frágeis. Como a fragilidade se torna evidente diante de qualquer pressão adicional ao funcionamento "normal" do sistema, os gargalos emergem como fontes de todas as pressões, propagando-se por todo o sistema e comprometendo sua integridade. Portanto, é essencial cultivar a resiliência em operações e garantir que as organizações possam não apenas sobreviver, mas prosperar em ambientes incertos.

Fragilidade por falta de alternativas

Sistemas podem se tornar frágeis pela falta de alternativas – não possuir plano "B" ou simplesmente apostar todas as suas fichas em uma única estratégia.

O frágil não tem opção. O antifrágil pode selecionar a melhor possibilidade a cada momento.

Um processo iterativo de "tentativa e erro" pode ser visto como promotor de alternativas, desde que sejamos capazes de passar rapidamente pelos erros, identificar um resultado favorável e avançar, de forma a termos pequenos gastos e grandes ganhos. Bons sistemas estão configurados para terem pequenos erros, independentes uns dos outros, e evoluírem com eles. Mas precisamos prevenir as falhas que causam contágio e problemas crônicos que se disseminam dentro do sistema (falhas sistêmicas).

A falta de alternativas fragiliza muitos processos no ambiente de projetos. Em alguns casos, acontece pela ausência de fornecedores substitutos (fonte única), pela aposta no desenvolvimento de solução exclusiva (ausência de avaliação prévia de múltiplas alternativas ou até mesmo pelo planejamento de uma estratégia congelada e rígida (linha de base) de execução do projeto do começo ao fim.

Na aviação, exemplo máximo de antifragilidade sistêmica, para garantir níveis adequados de segurança, os sistemas críticos das aeronaves, além de possuírem redundância (mais de uma), por vezes são dissimilares, ou seja, são soluções diferentes entre si, não possuindo os mesmos potenciais modos de falha (causa de falha ou forma possível pela qual o sistema pode falhar).

Portanto, não se trata da eliminação da incerteza, mas sim de sua domesticação.

1.3.9. Estratégias para antifragilidade

A estratégia *barbell*, ou estratégia bimodal, apresenta-se como um caminho inovador e eficaz para alcançar a antifragilidade, um conceito que vai além da mera resiliência. Trata-se de uma estrutura dual, que incorpora extremos e promove uma assimetria favorável em relação aos riscos e às oportunidades. Em vez de buscar um equilíbrio entre os dois lados, a estratégia *barbell* incentiva a gestão simultânea de riscos e oportunidades. Nela, buscamos limitar perdas/dores devido a falhas e, ao mesmo tempo, capitalizar rapidamente os benefícios/ganhos dos sucessos que conseguirmos obter. Ela permite que indivíduos e organizações se posicionem de maneira mais eficaz em um mundo repleto de incertezas.

No cerne dessa estratégia, encontramos a ideia de que, em um extremo, devemos adotar uma postura de segurança em áreas críticas. Isso significa que é fundamental desenvolver robustez diante de Cisnes Negros negativos, eventos inesperados que podem causar danos significativos. Por outro lado, no extremo oposto, há a disposição para assumir uma série de pequenos riscos, que, apesar de seu caráter arriscado, podem gerar um impacto positivo considerável, especialmente se forem considerados Cisnes Negros positivos. Essa dinâmica cria um ambiente onde o risco é gerenciado de forma estratégica, permitindo que as oportunidades floresçam.

Um exemplo prático dessa filosofia pode ser visto em uma alocação de investimento: imagine destinar 10% do seu portfólio a ações de alto risco, que, embora voláteis, oferecem um potencial extraordinário de ganho. Em contrapartida, os 90% restantes seriam aplicados em fundos comuns, que proporcionam uma abordagem mais conservadora e menos arriscada. Essa configuração mitiga o impacto de perdas em um lado e permite que as vantagens do lado mais arriscado tenham a chance de se concretizar.

A antifragilidade, portanto, pode ser entendida como uma combinação intrigante de agressividade com uma pitada de paranoia. É um jogo estratégico em que buscamos incessantemente eliminar as desvantagens, ao mesmo tempo em que nos protegemos contra danos extremos. Ao permitir que as vantagens tenham espaço para atuar, criamos um ciclo virtuoso onde a inovação e a adaptação se tornam partes intrínsecas da nossa abordagem.

Em suma, a estratégia *barbell* é um convite para que olhemos para o futuro com um olhar audacioso, mas também cauteloso. Essa forma de pensar nos prepara para os desafios imprevisíveis do mundo, usando a incerteza como aliada poderosa na busca por um futuro mais resiliente e promissor.

Prepare-se para o pior; o melhor cuida de si mesmo.

Provérbio iídiche

Em complemento à estratégia *barbell*, devemos providenciar redundância para os elementos críticos do sistema, como uma margem de segurança (pulmão), para atenuar as assimetrias em nossa sensibilidade aos riscos.

A estratégia de gestão de prazos adotada pela CCPM (*Critical Chain Project Management*), ao prever estimativas otimistas para lidar com a possibilidade do "melhor caso" e proteger a corrente crítica com "pulmão" caso ocorra o "pior cenário", visando a domesticar sua incerteza.

Outra orientação da CCPM é não estabelecer datas fixas para início e fim das atividades, permitindo avaliar impactos negativos nas projeções e aproveitar quando tarefas terminam antes do previsto.

Construir as coisas de forma a serem imunes às perturbações é uma abordagem preventiva – e, portanto, mais resiliente.

Chegamos então no momento de aplicar a heurística de detecção de fragilidade (e de antifragilidade). O foco deve ser dado ao tamanho do desvio (delta) provocado pelo incremento ou decremento do impacto dos danos.

A noção de média não tem significado algum quando se é frágil às variações – a dispersão em possíveis resultados é muito mais importante.

Por exemplo, em uma determinada avenida da cidade, quando o tráfego aumenta em 5 mil veículos (passando de 10 mil para 15 mil veículos por hora) o tempo da viagem aumenta em 10 minutos. E quando aumenta outros 5 mil veículos (passando para um total de 20 mil), o tempo se expande para mais de 30 minutos. Esse cenário revela o ponto de fragilidade, pela sua progressão não linear.

Para uma simulação, basta fazer uma pequena alteração nas premissas, avaliar o tamanho do efeito e verificar se há uma tendência de progressão não linear.

Qual o impacto no seu portfólio com o início imediato de cinco novos projetos? Qual o impacto de reduzir 10% dos recursos? Qual o impacto da urgência do projeto "x"?

Na gestão de projetos, a detecção da fragilidade (tamanho do desvio provocado pelo incremento ou decremento do impacto) pode ser obtida pela gestão de seus planos.

Através de projeções e simulações, é possível detectar as fragilidades do portfólio e de seus projetos, atuando de forma antecipada e preventiva.

Alguns exemplos de alertas antecipados contra fragilidade:

- Tendências de atraso ou de estouro em custos
- Grande volume de atividades bloqueadas
- Perdas de sincronismo de prioridades
- Atividades em longas filas
- Grande volume de projetos em execução (WIP)

Algumas das análises possíveis:

- Alternativas de recuperação (prazo, custo ou qualidade)
- Atendimento de novas datas de entrega
- Mudanças na estratégia de execução
- Variações nas durações de execução
- Aumento ou redução na carga/capacidade dos recursos
- Impacto da entrada de demandas urgentes
- Mudança na quantidade de projetos

O desafio da gestão preventiva é que é muito mais fácil vender "olha o que fiz para você" do que "olha o que evitei para você". É difícil medir o que se evitou.

Em resumo, podemos destacar as seguintes características de uma abordagem frágil em comparação a uma antifrágil:

Frágil: odeia a incerteza. Antifrágil: domestica a incerteza.

Frágil: olha para o passado. Antifrágil: olha para o futuro.

1.3.10. Estruturação e implementação de mudanças

Uma mudança nem sempre resulta em melhoria. Mas toda melhoria requer uma mudança.

De forma a evoluirmos nossa gestão de projetos, precisaremos implementar mudanças efetivas em nossos processos e regras de atuação (comportamento).

Uma nova solução pode trazer evolução se, e somente se, ela diminuir uma limitação/restrição. Contudo, para que esta seja efetiva e gere a evolução desejada, precisamos também garantir que as regras de atuação foram alteradas, tornando-se compatíveis com a nova solução.

Quando evoluímos e chegamos a um novo patamar, é importante perceber que essa nova solução nos colocou em uma nova realidade: temos um novo sistema, repleto de oportunidades, e novas restrições, não existentes na realidade anterior.

Portanto, o processo de avaliação de nosso sistema, de identificar e tratar suas restrições e fragilidades, é uma contínua busca por melhoria.

1.3.11. Tratando bloqueio ao fluxo de execução

Erros em uma parte do sistema, se adequadamente tratados, podem fazer todo o sistema evoluir. Por exemplo, quando um triste, mas felizmente raro acidente aéreo ocorre, é imediatamente iniciada uma investigação para apurar sua(s) causa(s) e determinar o que precisa ser melhorado no sistema, para evitar futura ocorrência similar.

Portanto, desastre para uns (que se prejudicaram com o erro) gera novos requisitos e torna o sistema de transporte aéreo melhor – antifrágil –, pois se fortalece com o aprendizado do acidente.

Na execução das atividades dos projetos, por vezes situações bloqueiam e impedem a continuidade da execução. Com a identificação dos "motivos dos impedimentos recorrentes" – sua análise e resolução da causa-raiz – podemos evoluir todo o sistema, pois os próximos projetos que passarem por esta etapa não mais ficarão bloqueados no mesmo ponto. Alguns exemplos desse tipo de situação são: demora na aprovação de documentos; falta de informações críticas de determinada área; atraso de determinado fornecedor; dentre outros.

Portanto, a variabilidade provoca erros e necessidades de adaptações, e os sistemas precisam lidar com isso para evoluir ou perecerão.

1.4. Pontos de atenção do contexto da gestão de projetos

- Como as dificuldades de considerar perspectivas externas, como volatilidade e incerteza, afetam nosso entendimento e nossa gestão dos projetos?
- Lidamos também com perspectivas empresariais, incluindo variabilidades, interdependências e restrições. Como isso impacta nossos processos? Como lidar com tais limitações?
- Decisões dependem de nossas interpretações sobre o ambiente e são efetuadas através de nossa visão do mundo, sabidamente repleta de vieses e paradigmas. Como obter mecanismos de suporte que aumentem a eficácia de nossas decisões?

1.5. Promovendo a evolução sistêmica

Para propormos uma solução para um problema, precisamos ter clareza sobre sua causa-raiz e, principalmente, sua atuação dentro do sistema.

Isolar e avaliar as etapas de um processo não mostra suas interações e condições reais no ambiente de múltiplas demandas (ou projetos) ocorrendo simultaneamente, não lida com problemas de fluxo.

Na busca por melhorias que mudem os resultados do sistema, apenas a atuação nas restrições é que traz efeito concreto.

Aqui podemos novamente utilizar a analogia da corrente e seus elos: se estamos avaliando de forma segregada a influência do peso de cada elo, buscando resolver o problema de nossa corrente estar muito pesada, podemos considerar que a variabilidade não está atrelada à interdependência e, nesse caso, o "princípio de Pareto" é válido (também conhecido como regra do 80/20, lei dos poucos vitais ou da escassez do fator). Ele afirma que, para muitos eventos, aproximadamente 80% dos efeitos vêm de 20% das causas.

Portanto, 20% dos elos mais pesados vão representar 80% do sobrepeso da nossa corrente.

Porém, se nossas causas de variabilidade influenciam, por interdependência, os efeitos no sistema e seu fluxo de execução, Pareto deixa de ser aplicável, pois temos alguma restrição ditando nossa capacidade e, portanto, sendo a causa de nosso problema.

Estamos avaliando a influência de cada elo da corrente para resolver o problema de baixa resistência. Mas como a variabilidade está atrelada à interdependência, teremos apenas uma ligação mais fraca, que é a causa – ou seja, 0,1% das conexões representam 99,9% da resistência da corrente!

Sabemos que o prazo é uma consequência de nosso *lead time*. Taiichi Ohno, conhecido como pai do sistema Toyota, já dizia: "tudo o que estamos tentando fazer aqui é reduzir o *lead time*".

Mas estamos reduzindo o *lead time* (e aumentando a eficiência) do que realmente importa? Estamos reduzindo o tempo do fluxo de entregas ou apenas tendo ganhos em etapas isoladas?

A conclusão é que, para aprimorarmos nosso sistema, precisamos identificar e gerenciar nossas restrições. Uma ação de melhoria em um elo já forte não trará benefícios reais e diretos aos objetivos e metas do sistema na totalidade. Será uma perda de foco e desperdício de esforço, tempo e dinheiro.

> *Uma hora perdida no recurso restritivo é uma hora perdida no sistema inteiro. Uma hora economizada em um recurso sem restrição é uma miragem.*
>
> *Eliyahu Goldratt*

Mas atenção: nenhuma nova abordagem gerencial resiste a velhas políticas e metas conflitantes com a mudança! Estar em um novo patamar, obtido com a mudança, requer adequação de regras de convívio, como as geradas por controles, indicadores e suas metas.

2. Indicadores e medições

Diga como me medes e te direi como me comportarei; se me medires de forma ilógica, não reclame do meu comportamento ilógico.

Eliyahu Goldratt

Quando o assunto é indicador, a seguinte máxima vem em mente: "o que não pode ser medido, não pode ser gerenciado", célebre frase de William Edwards Deming (notável estatístico, consultor, conferencista e professor norte-americano).

Contudo, dado o contexto incerto e dinâmico da gestão de projetos, precisamos avaliar a adequação das medições tradicionais e de seu potencial dano aos resultados pretendidos.

Buscamos, com indicadores e números (que conseguimos), interpretar as situações e tomar decisões.

H. Thomas Johnson, coautor do livro *A relevância da contabilidade de custos* (Johnson; Kaplan, 1996), chamou de "tirania dos números" a maneira como tendemos a administrar os negócios, com um foco obsessivo naquilo que podemos medir, quando sabemos que boa parte do que realmente importa não pode ser medido.

Será que nossas métricas foram construídas considerando os diferentes aspectos de nosso contexto e as incertezas?

Nossas metas são adequadas para a etapa e o nível de incerteza do momento?

Os indicadores são adequados ao nosso ambiente e à nossa cultura?

Eles promovem as regras de convívio que buscamos? Geram o comportamento desejado?

Ao considerar como acompanhar e medir nosso trabalho e desempenho, precisamos de clareza sobre nossos objetivos. Isso inclui as questões que estamos buscando solucionar, as decisões que temos que tomar e os dados necessários. Então, precisamos saber como transformar esses dados em informações úteis. Adicionalmente, devemos entender como nossa medição influenciará os processos, nossas regras de convívio e os comportamentos.

Aspectos como a cultura da empresa e seu modelo de reconhecimento e promoção são condições influenciadoras do comportamento das pessoas. A forma como uma organização se estrutura em termos de valores e práticas pode, de fato, moldar a motivação, o engajamento e a satisfação dos colaboradores. Adotar modelos que funcionam bem em uma cultura específica, sem a devida avaliação de compatibilidade com o ambiente de sua empresa, pode gerar efeitos muito contrários aos desejados. Um exemplo ilustrativo é o indicador de "funcionário do mês", frequentemente utilizado por empresas de *fast food* americanas. Nesse contexto, a prática promove uma competição saudável, incentivando os colaboradores a buscar a excelência e a se destacar entre seus pares. Essa motivação, que se baseia no reconhecimento e na exposição no grupo, pode ser eficaz em ambientes em que a competição é vista de forma positiva.

Entretanto, ao se transpor esse modelo para países latinos, como o Brasil, os resultados podem ser bastante distintos. Em muitas culturas, a valorização do trabalho em equipe e a harmonia grupal são primordiais. Assim, a adoção do prêmio de "funcionário do mês" pode gerar ciúmes e rivalidades, levando a interpretações negativas, como a ideia de que o colaborador premiado apenas conseguiu tal reconhecimento por ter "agradado ao chefe". Essa percepção pode minar a moral da equipe e criar um ambiente de desconfiança e competição destrutiva, em vez de uma atmosfera colaborativa e motivadora.

Portanto, é fundamental que as empresas compreendam a importância de alinhar suas práticas de reconhecimento e promoção à cultura local, a fim de evitar conflitos e promover um ambiente de trabalho mais saudável e produtivo. O reconhecimento deve ser um fator que une, e não que divide.

2.1. Atenção e cuidados nas intervenções

"Iatrogenia" é um termo que tem suas raízes no grego, significando "causado pelo cuidador". Refere-se ao dano, visível ou oculto, resultante de intervenções ou tratamentos. A iatrogenia pode se manifestar de maneiras distintas: de forma não intencional, como em casos de erro médico, ou intencional, quando há prescrição de tratamentos motivada por interesses pessoais (por exemplo, financeiros) do profissional de saúde. O juramento médico de Hipócrates, que enfatiza o princípio de *primum non nocere* ("primeiro, não faça mal"), serve como um alerta atemporal sobre a responsabilidade do médico em evitar danos ao paciente.

Entretanto, a iatrogenia não é uma questão restrita ao âmbito médico. Ela pode ser observada em diversas esferas, como política, econômica e administrativa. De fato, em maior ou menor grau, toda intervenção humana é suscetível à iatrogenia.

Um exemplo bastante ilustrativo é o simples ato de medir algo, que, por si só, pode influenciar o resultado que se pretende observar. A interação entre o medidor e o objeto de estudo pode gerar distorções que afetam a validade dos dados coletados.

A busca incessante por controle da incerteza e da variabilidade pode resultar em consequências ainda mais danosas do que aquelas que o interventor possa imaginar. Esse conceito se torna evidente, por exemplo, ao se tentar controlar a diferença entre a duração planejada e a realizada em cada atividade dos projetos. A ênfase na aderência rigorosa a cronogramas e metas pode levar a um ambiente de pressão que compromete a criatividade e a qualidade das entregas.

Uma análise mais detalhada do contexto em que essas atividades ocorrem revelaria que, em vez de um processo produtivo rígido, as atividades de um projeto frequentemente apresentam uma alta taxa de incerteza devido à sua natureza singular. Portanto, a obsessão pelo controle das variabilidades torna-se inadequada e contraproducente. A complexidade e a dinamicidade do ambiente de projetos exigem uma abordagem mais flexível, que reconheça a inevitabilidade da incerteza e promova um espaço para a adaptação e a inovação.

Assim, a reflexão sobre a iatrogenia nos leva a entender que, em qualquer área de intervenção, a prudência e a sensibilidade ao contexto são fundamentais para evitar danos que possam eclipsar os benefícios.

2.2. Medições: avaliação e adequação ao contexto

Utilizar abordagens de medição e controle, criadas para um contexto específico, em outro completamente diferente é um fator de fragilização. Essa prática é especialmente problemática quando o objetivo é atender a requisitos e múltiplas metas que não estão compatibilizadas. A falta de alinhamento entre objetivos pode resultar em falhas de interpretação e, consequentemente, em decisões inadequadas. A gestão eficiente requer que se considere o contexto em que as métricas foram desenvolvidas, pois a aplicação inadequada pode levar a resultados distorcidos e a uma avaliação imprecisa do desempenho.

Outra prática frequentemente adotada que merece atenção crítica é a definição de metas de performance mais agressivas de um ano para o outro, sem a devida consideração pela complexidade real de cada momento. Por exemplo, uma performance considerada boa em um ano marcado por iniciativas mais internas e simples não deveria servir como parâmetro para um novo período que envolve iniciativas significativamente mais desafiadoras. O critério para a definição de metas deve ser, portanto, o grau de incerteza e a complexidade gerencial das iniciativas em questão, levando em conta fatores como o número de interfaces entre departamentos e empresas envolvidas, o volume de recursos requeridos e disponíveis, as questões tecnológicas e logísticas, dentre outros.

A gestão eficaz precisa de indicadores adequados que permitam prever desvios, simular intervenções e considerar os impactos nos resultados globais. Esses indicadores devem ser cuidadosamente elaborados para refletir a realidade do ambiente operacional e facilitar a tomada de decisão informada. Portanto, é essencial que as organizações adotem uma abordagem estratégica e ponderada na escolha das métricas, assegurando que estas sejam relevantes e aplicáveis ao contexto específico em que estão inseridas. Assim, é possível promover um ambiente de gestão mais capaz de enfrentar as complexidades do mundo contemporâneo.

2.3. Metas SMART e resultados SMALL

No ambiente da gestão, um conceito amplamente conhecido para a definição de metas é o modelo SMART, que se refere a metas que são "específicas, mensuráveis, atingíveis, relevantes e temporais". Essa abordagem ágil e estruturada tem sido a base de muitos planejamentos estratégicos. Frequentemente ouvimos a orientação "poucas e boas metas!", que, à primeira vista, parece ser uma diretriz sensata para otimizar o foco e os recursos das organizações.

No entanto, a definição prática dos elementos "específico" e "relevante" pode conduzir a desafios inesperados. Quando nos concentramos unicamente em um número reduzido de metas, corremos o risco de estabelecer um "foco demasiadamente estreito" que pode provocar comportamentos indesejados nas equipes e comprometer os resultados almejados. É essencial lembrar que a relevância das metas não deve ser medida apenas pela sua quantidade, mas pela abrangência de atendimento da visão estratégica que elas representam.

Com a prerrogativa de "poucos itens relevantes como meta", um portfólio de projetos que abrange diversas entregas necessárias para a completude de uma ou mais estratégias corporativas pode ser indevidamente reduzido a apenas dois ou três "itens principais" (ou "projetos críticos/prioritários"). Esses projetos passam a ser acompanhados de perto pela alta liderança e frequentemente são objeto de cobranças ao longo do ano. Entretanto, é imperativo questionar: qual é o impacto dessa abordagem no comportamento e nas ações das equipes nas organizações?

Como consequência dessa priorização extrema, as equipes tendem a direcionar total foco e empenho apenas aos itens principais, frequentemente relegando as demais atividades a um segundo plano. Esse comportamento, embora compreensível sob a ótica de eficiência, pode levar a uma negligência de projetos que, apesar de secundários, têm seu papel fundamental no ecossistema organizacional. A falta de atenção a esses projetos pode resultar em lacunas significativas para o atingimento efetivo das estratégias almejadas, tornando o resultado SMALL, potencializando riscos e comprometendo a integralidade dos resultados esperados. Portanto, ao considerar a definição de metas, é crucial não apenas seguir o modelo SMART, mas também avaliar a interconexão entre as diversas iniciativas dentro do portfólio.

Para a definição de metas, a gestão deve buscar um equilíbrio entre a clareza de foco e a flexibilidade para manter uma visão ampla, assegurando que todas as entregas assumidas sejam atendidas de maneira eficaz e que os resultados desejados sejam, de fato, plenamente alcançados.

2.4. Controles, medições e sua influência no comportamento

O comportamento das pessoas é fortemente direcionado pela forma como elas se veem medidas e avaliadas. Essa dinâmica influencia não apenas a motivação individual, mas também a cultura organizacional como um todo. As pessoas buscam constantemente se alinhar às metas estabelecidas, evitando ações que possam resultar em prejuízo ou a interpretação de desvio em seu desempenho, o que se traduz, em termos comportamentais, no viés de aversão à perda. Esse fenômeno psicológico é um fator crucial a ser considerado na formulação de indicadores de desempenho.

Tomemos como exemplo uma empresa que presta serviços de suporte de TI por telefone, comumente conhecida como *help desk*. Recentemente, um novo gestor decidiu implementar um indicador de performance baseado no "número de ligações atendidas por operador". Essa decisão, aparentemente simples, traz à tona importantes questões sobre como a mensuração do desempenho pode impactar as ações dos colaboradores. Se você fosse um operador de suporte nessa organização, como você se comportaria?

É provável que, sob essa pressão, você adotasse uma postura voltada para atender e desligar o telefone o mais rapidamente possível. A prioridade, nesse cenário, se tornaria a quantidade de atendimentos, em detrimento da eficácia da solução oferecida ou da real satisfação do cliente. Essa abordagem, embora pareça eficiente em termos de números, ignora a essência do serviço ao cliente e a construção de relacionamentos duradouros.

É nesse contexto que se torna relevante a citação do renomado Eliyahu Goldratt:

> *Diga-me como me medes e te direi como me comportarei; se me medires de forma ilógica, não reclame de comportamento ilógico.*

Essa frase nos alerta sobre os riscos de basear a avaliação de desempenho em métricas que não refletem a verdadeira qualidade do serviço prestado. Medidas ilógicas podem levar a comportamentos inadequados, que não apenas comprometem a satisfação do cliente, mas também a motivação e o engajamento dos funcionários.

Portanto, é essencial que as organizações reflitam sobre as métricas que utilizam para avaliar seus colaboradores. A definição de indicadores deve ser feita de forma a estimular comportamentos que alinhem os objetivos individuais e organizacionais. Ao promover uma avaliação mais holística e compreensiva, é possível não apenas melhorar a performance, mas também criar um ambiente de trabalho mais saudável e produtivo, onde tanto os colaboradores quanto os clientes se sintam valorizados e satisfeitos.

2.5. Frequência de medição e reação

Precisamos identificar a frequência correta de solicitação de atualizações de nossos dados. Muito espaçadas, corremos o risco de perder a oportunidade de reação; muito próximas, poderemos estar agindo precipitadamente, só no ruído em lugar de no sinal. Portanto, maior será a relação ruído-sinal.

> *Respostas que pretendem ser mais precisas que a incerteza embutida no problema não são respostas melhores.*
>
> *Eliyahu Goldratt*

Por exemplo, digamos que uma observação mensal possua uma relação de 50% ruído e 50% sinal. Significa que metade das informações são provenientes de evoluções ou degradações reais (sinais) e a outra metade provém simplesmente da aleatoriedade (ruído proveniente da variabilidade natural). Mas se você mudar para uma frequência diária de análise das mesmas informações, a composição mudaria para 95% de ruído e apenas 5% de sinal. Se a observação ocorrer de hora em hora, a proporção se altera para 99,5% de ruído e somente 0,5% de sinal, ou seja, há duzentas vezes mais ruído que sinal. Portanto, a informação pode se tornar um "agente estressor" do sistema. Em excesso, gera estresse elevado e ações desmedidas. Reagimos de maneira emocionalmente extremista ao ruído.

A melhor solução é prestar atenção em alterações mais significativas nas informações, que representem as consequências de fatores interdependentes, ou condições realmente observadas – nunca nas pequenas alterações em fatores isolados. Quanto mais dados irrelevantes e desconexos possuímos, menos entendemos a situação atual e suas inter-relações.

> *Nem tudo que pode ser contado conta, e nem tudo que conta pode ser contado.*
>
> *Albert Einstein*

É necessário um protocolo sistemático para determinar o momento de intervir e quando deixar os sistemas em paz. Muitas vezes, não intervir – não fazer nada – é a melhor decisão. Requer o cuidado de não confundir ruídos com informações (não agir no "ruído").

Na gestão de cronogramas, por exemplo, uma "regra de bolso" que podemos considerar para estabelecer a frequência de medição é identificarmos a atividade de menor duração em nosso cronograma, para então determinarmos a frequência de medições como sendo a metade de sua duração.

2.6. Apresentação de indicadores e o conceito *dark cockpit*

Na aviação do passado, o piloto ficava sobrecarregado pela necessidade de monitorar dezenas de indicadores no painel, tentando identificar desvios que poderiam requerer sua avaliação e intervenção. Essa constante vigilância também aumentava a probabilidade de erro humano em situações críticas. Já nas modernas aeronaves temos o conceito do *dark cockpit*, que busca não distrair o piloto com indicativos dos sistemas que estão operando dentro da normalidade. Alertas são gerados apenas para os sistemas que requeiram atenção. Assim, o piloto consegue manter o foco nas questões realmente relevantes para a segurança do voo.

De forma análoga, na gestão de projetos são adotados diferentes indicadores, cada um com suas próprias particularidades em termos de frequência de obtenção, análise e resposta às medições coletadas. Por exemplo, o cronograma do projeto pode ser atualizado a cada semana. Em contrapartida, os custos do projeto podem ter uma atualização mensal, devido ao ciclo contábil das empresas, que exige uma análise mais profunda e reflexiva a cada fechamento de período.

É de suma importância estabelecer essas frequências de atualização e estruturar processos que utilizem essas informações de forma eficiente. A implementação de um sistema de gestão de projetos que integra essas variáveis não apenas facilita a tomada de decisão, mas também proporciona uma visão holística da situação. A partir dessa estrutura, é possível gerar projeções, simulações e análises fundamentais para a identificação de potenciais riscos e oportunidades. Dessa maneira, a atenção gerencial é exigida apenas onde necessário, evitando sobrecargas administrativas e ações desnecessárias.

Essa filosofia de gestão deve ser aplicada de forma semelhante à que se observa no *cockpit* das aeronaves, onde a simplicidade e a clareza das informações são priorizadas em detrimento do volume e da complexidade. Ao adotar essa abordagem, as equipes de projeto podem concentrar seus esforços nas áreas que realmente demandam atenção.

Em síntese, práticas de monitoramento inteligente e focado permitem otimizar recursos e maximizar resultados, garantindo um desempenho superior e sustentável.

2.7. Metas e indicadores – remédios "tarja preta"

"O ministério da boa gestão adverte: metas e indicadores são remédios "tarja preta". Como vimos, embora de extrema importância, o estabelecimento de indicadores e metas requer objetividade e visão sistêmica para decisões e comportamentos desejados. Esses elementos são fundamentais para a orientação das ações dentro de uma organização, funcionando como um GPS que guia a equipe em direção a resultados concretos. Contudo, é imprescindível que sua implementação seja realizada com cautela e discernimento.

Os indicadores são importantes remédios contra a desorientação espacial e temporal, mas seu uso inadvertido também pode obscurecer e adoecer o sistema.

Um homem com um relógio sabe que horas são. Um homem com dois relógios nunca tem certeza.

San Diego Union

Portanto, metas e indicadores deveriam ser ministrados como remédio "tarja preta" – de forma controlada e restrita – dado seu potencial de dano, efeitos colaterais e riscos de interação. Essa analogia é pertinente, pois, assim como medicamentos que exigem supervisão rigorosa, o uso de metas e indicadores necessita de uma abordagem cautelosa. A bula, nesse contexto, torna-se uma ferramenta essencial para entender as advertências e os riscos que acompanham essa prática.

2.7.1. Bula de indicadores

- **Advertências:** quando mal utilizadas, essas ferramentas podem causar problemas sistêmicos às organizações, devido ao foco estreito que geram. A busca excessiva por resultados quantitativos pode levar a uma negligência das dimensões qualitativas do trabalho (como as interdependências), resultando em um ambiente de trabalho tóxico e contraproducente. É fundamental que as organizações mantenham uma visão ampla, considerando não apenas números, mas também o bem-estar e a satisfação de suas equipes.

- **Efeitos colaterais:** em alguns casos, a ênfase desmedida em metas pode promover a elevação da exposição a riscos e a diminuição da cooperação e da motivação intrínseca, podendo até mesmo gerar comportamentos antiéticos. O desejo de alcançar resultados a qualquer custo pode levar a ações apressadas e à adoção de práticas que comprometem a integridade da organização e de seus colaboradores.

- **Interações medicamentosas:** o uso de um conjunto diversificado de metas e indicadores pode alterar seus efeitos pretendidos, gerar conflitos e divergências departamentais, causando efeitos imprevisíveis no tratamento. A interdependência entre diferentes indicadores pode resultar em uma complexidade que dificulta a análise e a interpretação das causas dos resultados, gerando confusão e frustração entre as equipes.

Dessa forma, é essencial que o estabelecimento de metas e indicadores seja realizado com discernimento e responsabilidade, promovendo um equilíbrio que favoreça a saúde organizacional e o desenvolvimento sustentável das equipes. O desafio reside em encontrar o ponto ideal entre controle e liberdade, entre a busca por resultados e o cuidado com as pessoas.

2.8. Pontos de atenção relacionados a indicadores e metas

- Seus indicadores (tanto do projeto como das equipes) estão adequados à cultura empresarial e ao contexto do trabalho?
- Suas metas refletem integralmente a estratégia/tática e o resultado global almejado?
- Suas metas focam no desafio dos projetos atuais ou visam a um aumento de eficiência com base em histórico (de um contexto potencialmente mais simples e ultrapassado)?
- As medições induzem as partes a fazer o que é bom para o sistema na totalidade? Promovem o comportamento adequado à geração do resultado global?
- Seu sistema de indicadores promove a atenção gerencial e sua atuação somente nos pontos requeridos (conceito *dark cokpit*)?
- Seu sistema possui indicadores contraditórios ou conflitantes?

3. Lidando com as incertezas na gestão de projetos

Tudo que pode dar errado dará errado.

Lei de Murphy

Problemas típicos declarados na gestão de projetos:

- Há muitos projetos ao mesmo tempo.
- Recursos (capacitados e disponíveis) são limitados e muitas vezes não controlados ou declarados.
- Aumentar recursos geralmente requer algum tempo antes de mostrar resultados.
- Há muitas incertezas: "Murphy".
- Não sabemos claramente como um projeto impacta o prazo dos outros.
- Não podemos determinar de maneira clara e segura o prazo do próximo projeto em negociação.
- Não sabemos quando um próximo projeto vai ser aprovado ou iniciado.
- Não temos como priorizar "efetivamente" os projetos entre si.
- Antes que as atividades sejam completadas, mudam as prioridades devido aos novos projetos.
- A organização é lenta para responder a novas oportunidades de negócio.
- Há muito retrabalho.
- Há desbalanceamento das cargas de trabalho.
- A gerência está sob constante pressão para aumentar o efetivo e dar vazão aos picos de demanda.
- Os *lead times* prometidos são mais longos que o desejável.

- Há dificuldade em completar projetos dentro do prazo.
- O escopo dos projetos às vezes é "reajustado" para preservar a data de entrega ou o orçamento.
- Os gerentes de projetos e os gerentes de recursos estão em constante conflito sobre prioridades.
- Alguns projetos são abandonados ou completados sem que a organização alcance os benefícios deles esperados.

Todos os itens da lista (e muitos outros não declarados aqui) são efeitos – sintomas – de problemas mais sistêmicos ocasionados muitas vezes pela forma como estamos buscando gerenciar as incertezas.

Durante cada fase do projeto (iniciação, planejamento, execução, monitoramento e encerramento) as informações geradas são frequentemente tratadas como fatos isolados e imutáveis, não se considerando sua evolução e consequente redução de incertezas. É comum nos esquecermos das premissas e suposições feitas por conta das incertezas no momento em que foram geradas.

A premissa é uma escolha ligada a um nível de tolerância a risco assumida em determinado momento e, como tal, requer acompanhamento para sua validação ou alteração.

3.1. O plano do projeto

O desafio de qualquer projeto é sair de uma condição inicial "a", em que o produto, serviço ou resultado foi apenas idealizado, e chegar em uma condição "b", em que o valor está gerado. Evoluir de "a" para "b" requer recursos, execução de muito trabalho e tempo – portanto, precisamos nos planejar para essa jornada.

A maneira como vamos gerar a(s) entrega(s) do projeto nada mais é do que uma escolha, uma decisão – é a estratégia selecionada para viabilizar o resultado. E por ser uma opção entre diversas alternativas existentes, ela deverá ser compreendida, transmitida e desdobrada em entregas menores e atividades necessárias, estabelecendo assim o "plano". Nesse ponto, os riscos associados à escolha feita devem ser avaliados e devidamente tratados.

Portanto, o "plano do projeto" é o caminho escolhido para chegar à(s) entrega(s) do projeto, e sua geração tem por intuito promover, por todas as partes envolvidas, uma visão comum sobre o projeto, propiciando adequada comunicação, coordenação de esforços, controle e correção de desvios. O plano serve como um guia abrangente que alinha as expectativas e responsabilidades de todos os *stakeholders*, assegurando que todos estejam cientes dos objetivos, prazos e recursos necessários para o sucesso do empreendimento.

O cronograma do projeto representa a tradução do plano estabelecido em um formato que revela a sequência mais eficaz de atividades, acompanhada dos recursos necessários e das estimativas de duração para a realização dos resultados esperados. O seu estabelecimento não é um ato trivial; ao contrário, requer assumir premissas e fazer escolhas entre diversas rotas possíveis. Cada decisão tomada nesse processo impactará diretamente a eficiência e a viabilidade do projeto como um todo. Assim, o cronograma torna-se um instrumento fundamental, pois é a partir dele que se obtém a projeção das datas de conclusão dos entregáveis do projeto. Esse cronograma, portanto, se torna a melhor previsão e a principal referência a ser estabelecida na etapa de contratação do projeto.

É importante, nesse contexto, fazer uma distinção clara entre os prazos de entrega que são considerados "propostos" e aqueles que são "impostos". O prazo proposto é fruto da programação do cronograma, ou seja, é uma estimativa que surge a partir da análise cuidadosa das atividades e dos recursos disponíveis. Já o prazo imposto, por sua vez, é determinado por exigências externas, que podem incluir regulamentos, demandas do cliente ou condições de mercado. Essa imposição de prazos externos frequentemente representa uma restrição significativa ao projeto, exigindo uma abordagem metódica e cuidadosa na gestão e otimização do cronograma.

Quando nos deparamos com um prazo imposto menor que o projetado (desafiador), é imperativo que a programação do cronograma seja submetida a um processo de estresse e otimização. Isso significa que as atividades e os recursos precisam ser reavaliados e, se necessário, ajustados para atender à data de entrega exigida. Essa reavaliação pode envolver a redistribuição de recursos, a priorização de determinadas tarefas, a mudança de estratégia de execução ou até mesmo a implementação de soluções inovadoras, para garantir que os objetivos do projeto sejam alcançados dentro dos limites estabelecidos.

Embora métodos tradicionais tenham como prática a gravação de uma "linha de base (*baseline*)" de todo o cronograma, é importante ressaltar que o plano não deve ser desenvolvido para ser permanente. Em vez disso, ele deve ser considerado uma ferramenta de orientação, que fornece diretrizes claras sobre o que deve ser priorizado e executado ao longo do ciclo de vida do projeto. É um instrumento dinâmico (como um GPS), que deve ser revisitado e ajustado conforme o momento e a situação, à medida que novas informações se tornem disponíveis ou que mudanças no ambiente do projeto ocorram.

Além disso, o cronograma deve ter a capacidade de, preventivamente, projetar tendências de desvios e prover caminhos alternativos para sua recuperação, durante toda a jornada do projeto. Isso significa que a equipe de gerenciamento deve estar atenta a sinais de alerta que possam indicar que o projeto está se desviando de sua meta. A identificação precoce de potenciais problemas permite que ações corretivas sejam implementadas antes que os desvios se tornem significativos e impactem o resultado final.

A flexibilidade e a adaptabilidade do cronograma garantem que o projeto possa responder a desafios imprevistos. Um plano bem elaborado delineia as etapas necessárias para a conclusão do projeto e incorpora um sistema de monitoramento e avaliação que permite ajustes contínuos (novas versões de plano).

Portanto, a gestão eficaz do cronograma é uma habilidade crítica para qualquer gerente de projetos. Ela não apenas garante que os entregáveis sejam realizados de acordo com o que foi planejado como assegura que o projeto se mantenha viável e relevante diante das constantes mudanças e desafios do ambiente externo. Assim, um cronograma bem elaborado e gerenciado é a espinha dorsal do sucesso de qualquer empreendimento.

Juntos, vamos avaliar como o sistema de gestão tem considerado as incertezas e os erros causados por "falsas certezas", de forma a estabelecermos mecanismos que possam lidar melhor com as incertezas (nosso GPS) e alcançarmos os benefícios desejados.

4. Gestão da integração

Não busque certeza na incerteza.

Autor desconhecido

No âmbito das disciplinas do gerenciamento de projetos, optei por abordar primeiro a "gestão da integração". Esse tópico ilustra claramente como frequentemente lidamos com informações muito incertas como se fossem completas, corretas e imutáveis.

A maneira e o momento em que requeremos informações ou preenchemos formulários, documentos e sistemas utilizados em suporte à gestão dos projetos podem induzir as pessoas ao erro da "falsa certeza".

4.1. Estimativas não devem ser palpites

Não podemos confundir estimativas (as quais requerem que assumamos premissas para sua declaração) com mero "palpite" arbitrado, que não tem fundamento lógico ou embasamento.

Mas a reflexão que cabe aqui é: quem está na origem do erro? A pessoa que fornece uma estimativa sem base suficiente (em atendimento a uma exigência processual) ou a que solicitou essa informação prematuramente?

Isso ocorre em muitas situações na gestão de projetos, com consequências muito negativas. Por exemplo, quando, ainda na proposta da iniciativa, no preenchimento de seu termo de abertura (*Project Charter*), já são solicitadas informações como a "data de entrega" ou seus "custos totais", e depois, mesmo cientes de que essas informações eram meras conjecturas com alto grau de incerteza (quase palpites), elas são utilizadas como metas para o projeto, gerando um efeito de ancoragem e fragilizando todo o processo de planejamento, que agora tem que conviver com uma restrição autoimposta.

O efeito de ancoragem ou focalismo é um viés cognitivo que descreve a comum tendência humana de se basear de forma intensa, ou se "ancorar", a um valor ou parte da informação recebida, quando em processo de tomada de decisão. Em outras palavras, é difícil uma pessoa conseguir se desvincular da influência de uma primeira referência ou impressão.

Nosso cérebro se esforça constantemente para criar um mundo coerente a partir de associações. Portanto, faz o melhor que pode para tornar o número da âncora autêntico. A partir dela, a memória é ativada seletivamente, em busca de informações compatíveis, tendenciando o julgamento.

Na gestão de projetos, esse viés é particularmente prejudicial. Estimativas iniciais, com escassas informações e muita incerteza, tornam-se referências fixas.

Se estivéssemos acompanhando um "indicador de incerteza", por exemplo, sobre a data de entrega do projeto, na fase de iniciação ele estaria certamente próximo ao 100% de incerteza; no início da fase de planejamento, com a construção de um cronograma e melhor visão de sua duração total, nossa incerteza em relação à data de entrega deve cair para algo em torno de 40%; e só após sua programação e remoção de sobrecargas críticas em recursos (considerando os demais projetos em execução) é que teríamos um grau de incerteza da data de entrega mais próximo de 10% de chance de falharmos (ou seja, mais de 90% de chance de atendermos à data de entrega).

Da mesma forma, a maneira com a qual estabelecemos as rotinas de gestão da execução do trabalho – reuniões, visibilidades, relatórios etc. – pode incentivar a busca por aderir às "falsas certezas", em lugar de conseguir obter informações factuais sobre os futuros desafios para a conclusão do trabalho.

Outro aspecto que impacta a integração é nossa tendência de definir responsáveis e processos para cada assunto. Por vezes, temas como a gestão de custos, de riscos e outras áreas de conhecimento são atribuídos a pessoas e processos de gestão segregados, perdendo-se a requerida interdependência entre as áreas de conhecimento, muitas vezes gerando conflitos, erros de interpretação ou até mesmo inércia e procrastinação. Como na "síndrome do sapo fervido" – aquele que, quando colocado na água ainda fria, não percebe o gradual agravamento da situação até que é tarde demais para reagir.

Perdemos com isso a visão das interdependências, o foco e a busca pelo resultado global do projeto/portfólio.

Quando avaliamos isoladamente um tema de gestão, temos a propensão a entendê-lo como onisciente e com metas próprias. Esse fenômeno ocorre porque, ao focarmos em um único aspecto, muitas vezes deixamos de considerar a complexidade e as interconexões que estão presentes no cenário mais amplo. Assim, tomamos decisões sobre casos isolados sem perceber que eles estão inseridos em um objetivo mais amplo, que pode exigir uma análise mais abrangente e integrada.

As decisões sobre um "caso isolado" tendem a ser mais emocionais do que aquelas que são fundamentadas em avaliações conjuntas. Isso se deve ao fato de que, ao abordarmos um problema isoladamente, corremos o risco de nos apegar a determinadas categorias de dados que podem não refletir a realidade em sua totalidade. Por conseguinte, essa visão limitada pode levar a escolhas que não são as mais adequadas no contexto geral da organização ou do projeto em questão. Quando as escolhas individualizadas são levadas ao contexto global, ou seja, quando ampliamos o quadro, é comum descobrirmos que a interpretação inicial estava incompleta ou até errônea.

Ademais, a maneira como recortamos e enquadramos as informações pode ter um impacto significativo nas decisões e nos resultados dos projetos. O "enquadramento", nesse contexto, refere-se à diferença de entendimento e percepção que temos ao receber uma mesma informação de maneiras distintas. Essa variação na apresentação pode influenciar profundamente nossa reação e compreensão da situação. Por exemplo, um dado apresentado em um formato positivo pode evocar uma resposta mais otimista, enquanto o mesmo dado apresentado de forma negativa pode desencadear uma percepção adversa. Essa sutileza é crucial, pois a forma como interpretamos as informações molda nossas decisões e, consequentemente, os resultados que alcançamos.

Portanto, é essencial que os gestores desenvolvam uma visão holística ao tomar decisões. Isso implica não apenas em considerar dados disponíveis, mas também em buscar uma compreensão mais ampla e interconectada das informações. A prática da avaliação conjunta, que envolve a consideração de múltiplas perspectivas, pode promover uma tomada de decisão mais informada. Em última análise, a gestão eficiente deve valorizar a complexidade das interações e a riqueza das informações disponíveis.

Exemplos:

- Ações preventivas de resposta a riscos que não estão devidamente integradas ao cronograma do projeto têm o potencial de gerar tarefas que não foram avaliadas quanto ao seu impacto efetivo em termos de carga de trabalho, custo e possíveis ciclos adicionais no projeto. Essa falta de integração pode resultar em um cenário caótico, no qual a equipe se vê sobrecarregada por atividades inesperadas, comprometendo a entrega dos resultados finais. Além disso, a ausência de uma análise prévia dessas ações pode levar a decisões erradas, prejudicando o fluxo de trabalho e a saúde financeira do projeto, uma vez que os recursos alocados podem não ser suficientes para atender a essa nova demanda. Portanto, a integração das ações de mitigação de riscos ao cronograma é fundamental para garantir a viabilidade e o sucesso do projeto como um todo.

- Controles de custo e orçamento que estão desassociados da geração dos entregáveis do projeto podem criar uma ilusão de eficiência, refletida em indicadores e metas que, na verdade, não retratam a realidade do progresso do projeto. Por exemplo, reportar que os gastos estão "abaixo do previsto" pode ser enganoso, especialmente se, na prática, a equipe conseguiu avançar apenas um terço do que foi inicialmente planejado para o entregável. Essa situação revela uma tendência preocupante: a possibilidade de estouro do orçamento do projeto. A desconexão entre o controle financeiro e o progresso dos entregáveis pode gerar uma falsa sensação de segurança que, ao final do projeto, se traduzirá em dificuldades financeiras e insatisfação das partes interessadas. Assim, é fundamental haver uma articulação clara entre o orçamento e os resultados esperados, garantindo que as metas de custo estejam alinhadas com a realidade do desenvolvimento dos entregáveis. Essa abordagem não só promove a transparência, mas também fortalece a confiança entre todos os envolvidos no projeto.

4.2. Lidando com incertezas na integração

Para gerenciar incertezas em processos e artefatos da integração, é imprescindível que tenhamos clareza sobre a maturidade da informação em cada etapa do projeto. É fundamental compreender a evolução das premissas assumidas na geração das informações e como controlar as incertezas associadas a cada momento do ciclo de vida do projeto.

A incerteza é uma constante em ambientes de projeto, e a habilidade de identificá-la e mitigá-la pode ser um diferencial significativo para o sucesso.

A equipe responsável pelos padrões de gestão de projetos na empresa – seu Escritório de Projetos (PMO – *Project Management Office*) – deve desempenhar um papel proativo na avaliação e revisão dos formulários e documentos (*templates*) utilizados na coleta de informações. É essencial que essa equipe busque, de maneira empática, garantir que as informações solicitadas estejam adequadas ao nível de incerteza daquele momento específico. Essa adequação não se limita apenas à coleta inicial de dados, mas também à garantia do rastreio e da evolução dessas informações ao longo do ciclo de vida do projeto.

Além disso, papéis e responsabilidades devem ser estabelecidos para promover uma visão sistêmica e integrada dos processos de monitoramento e controle. A integração entre as diferentes áreas do projeto não pode ser subestimada, pois, muitas vezes, a incerteza em uma área pode impactar outras, e uma resposta coordenada é necessária para mitigar riscos.

Por fim, é imprescindível que cada gestor tenha em mãos seu "GPS" de gestão dos projetos. Esse "GPS" deve fornecer uma previsão clara de conclusão do projeto e sinalizar se será necessário alterar o plano devido a imprevistos que surgiram ao longo do caminho. A capacidade de se adaptar rapidamente às mudanças e de fazer ajustes no planejamento é um atributo essencial para qualquer gestor.

O planejamento de longo prazo não diz respeito a decisões futuras, mas às implicações futuras das decisões presentes.

Peter Drucker

4.3. Questões relacionadas à gestão da incerteza na integração

- Verifique quais informações são requeridas no Termo de Abertura e no Plano de Projeto. Elas são coerentes com o nível de incerteza para o momento em que são solicitadas?
- Durante a fase de execução do projeto, como estão sendo obtidas as atualizações sobre o andamento e suas tendências?
- Como obter informações relacionadas ao que ainda é incerto, ou seja, o que ainda falta ser comprado, gasto, feito? Quanto tempo (ciclo) é previsto para o término?
- Em posse das estimativas atualizadas, como estão analisando tendências e impactos?
- Como prover simulações de cenários alternativos e, quando aplicável, estabelecer ações preventivas para mudar de direção?

5. Gestão de escopo e qualidade

Respostas que pretendem ser mais precisas
que a incerteza embutida no problema não são
respostas melhores.

Eliyahu Goldratt

As incertezas no controle do escopo e da qualidade afetam aquilo que está sendo desenvolvido pelo projeto. Projetos de construção civil, de manutenção de plantas produtivas, de desenvolvimento de produtos, de software ou de pesquisa e desenvolvimento tecnológico possuem, sem dúvida, níveis de incerteza em seus escopos que variam significativamente. Essa diversidade nas incertezas pode influenciar diretamente na condução e no sucesso do projeto.

Podemos até ter clareza do objetivo do projeto, seus principais requisitos e alternativas de solução. Contudo, a forma como esses elementos irão evoluir ao longo do tempo pode apresentar níveis de incerteza bastante distintos. Essa evolução é frequentemente afetada por fatores externos, mudanças nas necessidades dos *stakeholders* e pela própria dinâmica do ambiente em que o projeto está inserido. Assim, a compreensão das incertezas envolvidas é essencial para uma gestão eficaz.

Neste contexto, cabe mais uma vez ressaltar a máxima "não buscar certeza na incerteza". Para projetos que apresentam um grau elevado de incerteza, acreditar que é possível estabelecer uma lista de requisitos fechada desde o início do projeto é, na verdade, uma receita para o fracasso. Na fase inicial, teremos alguma visão sobre "o que" é desejado, mas é provável que tenhamos pouco conhecimento sobre "como" esses objetivos serão gerados e atendidos. Essa falta de clareza sobre o processo de implementação pode levar a desentendimentos e expectativas desalinhadas entre os membros da equipe e as partes interessadas.

Portanto, uma abordagem mais flexível e adaptativa é necessária. Em vez de tentar definir todos os requisitos de forma rígida desde o início, é mais eficaz adotar um processo iterativo, no qual o aprendizado contínuo e a adaptação às mudanças se tornem parte integrante da gestão do projeto. Esse método permite que a equipe responda de maneira ágil às descobertas e às transformações no contexto do projeto, resultando em soluções mais alinhadas com as necessidades reais.

Por exemplo, em contratos para desenvolvimento de novo software, requerer o estabelecimento de escopo e orçamento fechados para aprovação pode acarretar valores inflados. Isso ocorre como estratégia para proteger o fornecedor das incertezas inerentes à execução do projeto. Em adição a essa abordagem, é comum que surjam constantes aditivos e escopos adicionais, a fim de acomodar necessidades que surgem durante o desenvolvimento do software.

Dessa forma, é fundamental realizar uma avaliação criteriosa do contexto, do tipo de projeto e da estratégia de viabilização adotada antes de buscar aplicar formulários, modelos e padrões elaborados para contextos potencialmente diferentes. A flexibilidade e a adaptação são essenciais, uma vez que cada tipo de projeto possui suas particularidades e complexidades.

Na fase de estruturação do projeto e na identificação preliminar do escopo, é imprescindível capturar e, posteriormente, gerenciar as premissas e restrições assumidas, além de considerar o nível de incerteza associado a cada uma delas. No vocabulário da gestão de projetos, "restrição" é entendida como um fator limitante que impacta a execução de um projeto, programa ou portfólio. Assim, trata-se de uma condição tida como certa que deve ser considerada limitadora.

São limitações que precisamos avaliar; ou aceitamos ou desafiamos. Em um primeiro momento, restrições não são boas nem ruins, sua limitação só poderá impactar o prazo do projeto se estiver em seu caminho crítico, momento em que podemos identificar alternativas de superação, avaliando seu custo-benefício. Por vezes, a atuação sobre a restrição vai surgir como oportunidade de otimização ou recuperação de tendências de atraso.

Por outro lado, as "premissas" são suposições sobre eventos ou condições incertas, que se espera que ocorram durante o desenvolvimento do projeto. Frequentemente subestimadas, as premissas exercem um papel crucial na gestão das incertezas e precisam ser monitoradas, validadas ou invalidadas ao longo do ciclo de vida do projeto. Esse acompanhamento contínuo é essencial para fortalecer o escopo e reduzir o nível de exposição a riscos.

As premissas são tão importantes e, ao mesmo tempo, incertas que devem ser tratadas e gerenciadas como riscos do projeto. Sua gestão eficiente pode ser um diferencial significativo para o sucesso do projeto, uma vez que permite antecipar problemas, ajustar expectativas e garantir que todos os envolvidos tenham uma compreensão clara das condições que podem impactar a entrega dos resultados esperados.

5.1. Lidando com incertezas de escopo e qualidade

Conforme o tipo de projeto e as incertezas relacionadas ao seu escopo, é fundamental definir etapas incrementais de declaração, verificação e validação do escopo. Essa abordagem visa garantir a qualidade dos resultados gerados, permitindo um acompanhamento mais rigoroso das entregas.

Por exemplo, em grandes projetos de TI, como a implementação de um ERP (*Enterprise Resource Planning*), é comum que, durante a seleção de fornecedores, seja feita a apresentação dos desafios processuais da organização, sendo um ponto de partida para que os fornecedores apresentem suas propostas de solução por meio de POCs (*Proof of Concept*). Essa prática é conhecida como prospecção por RFI (*Request For Information*) e representa um exemplo prático de como reduzir a incerteza do escopo pretendido no projeto. Ao avaliar previamente as alternativas de solução, conseguimos obter informações valiosas antes mesmo de estruturar o projeto em sua totalidade.

É importante destacar que quanto mais incerto for o escopo, mais tempo e recursos devemos dedicar às fases de estruturação e planejamento do projeto. Em situações de alta incerteza, pode ser benéfico dividir o planejamento em fases de refinamento e evolução incremental. Essa abordagem permite ajustes contínuos baseados em novas informações e descobertas.

Adicionalmente, é crucial prever, já no planejamento inicial, momentos específicos para paradas e revisões, conhecidos como *stage gates*. Esses momentos são essenciais para avaliar a evolução da solução em relação às premissas e incertezas identificadas nas fases anteriores. Para garantir a eficácia dessas revisões, devem ser criadas listas de verificação (*checklists*) que representem os critérios de maturidade esperados para cada etapa do projeto.

Ao término de uma etapa, quando adquirimos uma maior maturidade sobre o escopo em desenvolvimento, é necessário organizar a próxima fase. Essa organização deve ocorrer por meio de um planejamento em ondas sucessivas, permitindo uma abordagem dinâmica e adaptativa. Dessa forma, o projeto se torna mais resiliente às incertezas e mais bem preparado para enfrentar os desafios que surgirem ao longo do seu desenvolvimento. O resultado final é um projeto mais coeso, que promove não apenas a qualidade dos resultados, mas também a confiança entre as partes envolvidas no processo.

Outra prática importante, em situação de grande incerteza, é prever e atuar no desenvolvimento de múltiplas potenciais soluções que possam atender aos requisitos de alto nível. Conhecido como SBD (*Set-Based Design*), é a prática de manter as opções de design flexíveis, pelo maior tempo possível, durante o processo de desenvolvimento. Isso é o oposto de "apenas escolher uma solução e mergulhar de cabeça nela". No SBD, as equipes identificam e simultaneamente avaliam possíveis opções, comprometendo-se a implementar uma solução técnica somente após testar e validar as alternativas e suposições. É, portanto, um processo de geração de possibilidades e tratativa de incertezas, uma forte estratégia de antifragilidade.

Métodos ágeis também reduzem as incertezas. No *framework Scrum*, a estratégia é capturar o escopo macro e determinar requisitos para formar um *backlog* inicial. *Sprint* a *sprint*, o time deve gerar entregas intermediárias para validação com os clientes. Isso promove a revisão e adaptação do *backlog* restante.

Já na gestão da qualidade, quando da declaração das atividades do projeto, deve-se ter como importante prática a declaração e validação do seu DoD (*Definition of Done* ou definição de feito), que estabelece critérios para uma atividade ser considerada "finalizada" adequadamente, evitando falhas e retrabalhos.

Em relação à qualidade dos entregáveis do projeto, devemos aplicar o conceito "V&V – Verificação e Validação", em que a verificação envolve a análise e certificação de que a entrega atende aos requisitos previstos. Já a validação é a garantia de que a entrega atende às necessidades e expectativas do cliente, gerando o valor/benefício esperado.

5.2. Pontos de atenção relacionados ao escopo e à qualidade

- Qual é o tipo de projeto que você vai gerenciar? Que nível de incerteza existe em relação à forma de resolver o problema e gerar a solução requerida para a entrega do projeto?

- Caso requerido, sua abordagem prevê etapas de avaliação em fases/*gates*, de forma a avaliar o estágio do projeto e adequar o escopo para as próximas etapas?

- Para projetos muito grandes e incertos, sua abordagem prevê o planejamento em ondas sucessivas?

- As atividades e entregas são verificadas internamente e validadas pelos clientes?

6. Gestão de riscos

Os chamados "pseudorriscos" tendem a adiar a atuação necessária em problemas reais, já em curso.

O autor

Chegamos à área de conhecimento mais aderente e relacionada ao tema deste livro. A gestão de riscos busca lidar com as incertezas dos projetos por meio de seus processos de identificação, análise, respostas e gestão das ações (prevenção ou contenção).

Frequentemente minimizada ou mal aplicada, a gestão de riscos é crucial para alcançar os resultados planejados do projeto. Contudo, não podemos confundir incertezas com preocupações ou problemas (fatos).

Da mesma forma que utilizar um remédio eficaz na doença errada não resolverá nossa dor (e poderá resultar em malefícios e efeitos colaterais), a aplicação inadequada da gestão de riscos também traz consequências prejudiciais. Trata-se de uma ferramenta poderosa cujo valor depende da forma como é utilizada.

Durante eventos de identificação de riscos, é comum que os participantes externalizem preocupações relacionadas a problemas internos que estão sob o controle da própria empresa ou apresentem justificativas prévias, na tentativa de se protegerem para o caso de algo dar errado, frequentemente dizendo: "eu tinha avisado". Essa abordagem inadequada pode, de fato, sobrecarregar o processo de gestão de riscos, desviando a atenção dos verdadeiros riscos que realmente merecem ser monitorados e tratados.

Além disso, essa prática pode levar à procrastinação na implementação de ações corretivas. Os chamados "pseudorriscos", por vezes classificados como de baixo impacto e/ou probabilidade, tendem a adiar a atuação necessária em problemas reais, já em curso. Essa inércia é frequentemente referida como "chocar a granada", um termo que implica em ignorar a urgência de uma situação e esperar que ela se resolva sozinha, o que raramente ocorre na prática.

Portanto, é fundamental, após uma rodada de identificação dos riscos, tratar todos os itens como meros candidatos e uma avaliação criteriosa da sua real incerteza, antes de cadastrá-los e abordá-los como riscos efetivos. Essa análise crítica é essencial para garantir que a gestão de riscos se concentrará em questões que realmente possam impactar o projeto ou a operação da empresa.

Ademais, os riscos associados a um projeto estão intimamente ligados à escolha da estratégia de execução do escopo. Por exemplo, ao considerarmos um projeto simples, como o transporte de um material de um local a outro, temos a opção de realizá-lo internamente, contratar um serviço de transporte terrestre ou optar pelo transporte aéreo. Cada uma dessas alternativas apresenta diferentes riscos associados, que devem ser cuidadosamente avaliados. A escolha da estratégia de execução não apenas influencia os custos e prazos do projeto como também molda o cenário de riscos que a equipe precisará gerenciar. Portanto, a gestão de riscos deve ser integrada à estratégia de execução escolhida, garantindo que a empresa esteja preparada para enfrentar os desafios que possam surgir ao longo do caminho.

6.1. Negligência com a probabilidade

"Probabilidade" é o estudo de eventos e resultados envolvendo um elemento de incerteza. Ela não nos diz o que acontecerá com certeza, e sim o que é mais ou menos provável de ocorrer.

Um grande desafio da gestão de riscos é o estabelecimento da probabilidade de ocorrência de seu evento.

Diante de uma questão sobre a probabilidade de algo ocorrer, buscamos em nossas mentes algum referencial, uma resposta baseada em nossos padrões e estereótipos (heurística de representatividade). Algumas vezes são boas referências e acertamos. Mas, ao negligenciarmos a taxa-base de ocorrência dos dados, incorremos em erros de julgamento.

A taxa-base nos permite entender a frequência com que um evento similar ocorreu no passado. Ao analisarmos esse histórico, é possível identificar padrões e tendências que podem influenciar a probabilidade futura. Além disso, é essencial levar em conta outros fatores contextuais que possam afetar a ocorrência do evento, como mudanças no ambiente, intervenções externas e variáveis socioeconômicas.

Nossa avaliação sobre o risco pode também ser afetada pela "falácia da conjunção". Esse erro ocorre ao acreditarmos que a probabilidade de ocorrência de um evento é maior quando dois ou mais atributos são combinados, em comparação a apenas um deles. Essa falácia é especialmente perigosa em previsões e prognósticos, pois leva a uma interpretação distorcida dos dados disponíveis e, consequentemente, a decisões inadequadas. Acrescentar detalhes a cenários torna-os mais persuasivos, mas, paradoxalmente, é muito menos provável que ocorrera tudo simultaneamente, resultando em uma diminuição da probabilidade estatística geral.

Por exemplo, ao descrever uma pessoa como uma “professora de ioga que também é escritora e amante de esportes radicais”, a tendência é acreditar que essa combinação é mais representativa de uma realidade do que a descrição de alguém que é apenas uma “professora de ioga”. No entanto, a realidade é que, na maioria dos casos, as combinações complexas de atributos específicos são menos prováveis do que a ocorrência de um único atributo isolado.

Em situações nas quais há uma real correlação entre eventos, é extremamente valioso saber a probabilidade da ocorrência de múltiplos eventos. Por exemplo, ao considerar a possibilidade de falta de eletricidade em um hospital, é pertinente questionar: quais são as chances de faltar eletricidade e, ao mesmo tempo, o gerador não funcionar? Essa análise pode oferecer uma visão mais clara sobre os riscos envolvidos em determinada situação.

A probabilidade de dois eventos independentes acontecerem simultaneamente é calculada através do produto das respectivas probabilidades de cada evento. Em outras palavras, a probabilidade de ocorrer o Evento A e, ao mesmo tempo, o Evento B é obtida multiplicando-se a probabilidade do Evento A pela probabilidade do Evento B.

Essa abordagem nos lembra da importância de uma análise crítica e fundamentada na avaliação de riscos. Em um mundo em que a complexidade das informações é cada vez maior, a clareza analítica se torna uma ferramenta indispensável para a tomada de decisões informadas e eficazes, prevenindo que sejamos levados por falácias. Portanto, é fundamental cultivar uma mentalidade analítica que nos ajude a discernir entre probabilidades reais e ilusórias.

6.2. Lidando com incertezas na gestão de riscos

Ao avaliar o risco, é imprescindível buscar informações estatísticas, também conhecidas como taxa-base, sobre as causas do evento em questão. A análise crítica da fonte e a veracidade de todas as informações são fundamentais, pois devemos evitar hipóteses ou pressupostos que comprometam nossa avaliação.

Consideremos a seguinte premissa estabelecida para a estratégia de execução de um projeto: “o fornecedor ‘X’ entregará o protótipo adequadamente instrumentalizado para os ensaios”.

Ao registrar tal premissa como um risco e proceder com sua análise, elaboramos a seguinte descrição:

Risco: se o fornecedor 'X' não entregar o protótipo na maturidade e na configuração adequadas, perderemos a "janela de oportunidade" acordada no laboratório de testes neste ano.

É evidente que o impacto da ocorrência desse risco é significativo, e podemos calcular, inclusive de forma financeira, os efeitos decorrentes de um eventual atraso. Contudo, a questão que se coloca é: qual a probabilidade de que esse evento venha a ocorrer?

Enquanto tentamos identificar a probabilidade do evento, precisamos, simultaneamente, avaliar potenciais causas que podem gerar essa situação. No nosso exemplo, o risco está diretamente relacionado ao evento "protótipo entregue com atraso e fora da especificação", e a consequência foi claramente declarada: "perda da janela de oportunidade", que representa o impacto no projeto.

Entretanto, é essencial também identificarmos a causa subjacente. Nesse cenário, temos um agente, ou seja, a fonte do risco: o fornecedor. É importante considerar que, por diversas razões, esse fornecedor pode falhar em cumprir sua entrega. Entre as possíveis causas, podemos levantar a hipótese de "baixa eficácia de prazos" ou "falta de competência técnica". Contudo, a questão que se impõe é: possuímos informações que validem ou refutem essas suposições?

Assim, devemos buscar informações e avaliar o histórico do fornecedor. Qual é a "taxa-base" de desempenho em suas entregas? Ele geralmente cumpre os prazos e as especificações acordadas? Se tivermos acesso a essas informações e elas forem positivas, teremos indícios de que a probabilidade da ocorrência do risco é baixa, uma vez que suas causas, ao menos com base em dados históricos, não apresentam sinais que possam gerar a situação indesejada.

6.3. Barreiras ao risco

Dado o potencial impacto de um evento, podemos optar por responder proativamente ao risco, criando "barreiras preventivas" para controlar suas causas. Esse enfoque preventivo permite que a organização se antecipe e crie um ambiente mais estável e seguro para suas operações. No nosso exemplo anterior, isso pode incluir a avaliação periódica e presencial do progresso físico do protótipo no fornecedor, garantindo que esteja alinhado às expectativas de prazo e maturidade. Esse tipo de monitoramento contínuo assegura que quaisquer desvios sejam identificados e corrigidos em tempo hábil, evitando surpresas indesejadas que comprometam o cronograma do projeto.

As ações de resposta aos riscos, que surgem das barreiras preventivas, devem ser integradas ao cronograma do projeto desde o início. O uso de recursos, a definição de ciclos e a estimativa de custos devem ser considerados no planejamento. Para facilitar o gerenciamento, essas ações podem ser organizadas em um bloco de atividades designado como "resposta aos riscos", o que melhora sua identificação e seu acompanhamento.

Além disso, podem ser estabelecidas "barreiras de contenção" para o caso de o risco se efetivar, que se referem à capacidade de se adaptar e ter alternativas, evitando assim a fragilidade diante de mudanças inesperadas. Essa abordagem proativa é essencial para mitigar o impacto de fatores que podem evoluir e gerar o evento indesejado. Por exemplo, a identificação antecipada de um segundo fornecedor como alternativa é uma estratégia valiosa que pode ser acionada em caso de problemas.

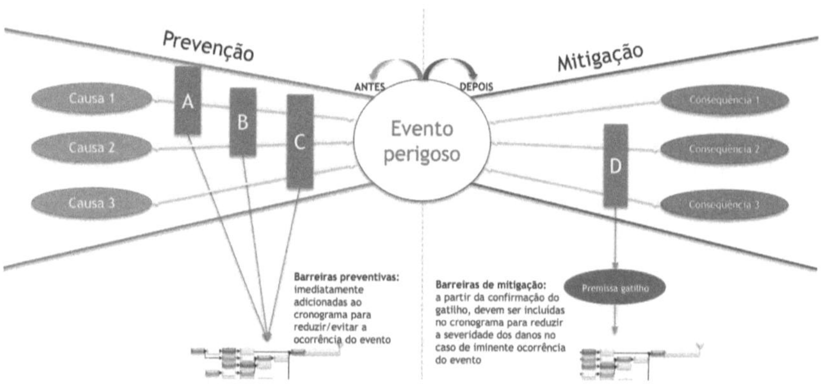

Figura 1. Barreiras de prevenção e contenção.
Fonte: o autor.

Outra estratégia viável é o planejamento do faseamento dos ensaios de acordo com o grau de completude e maturidade esperado para o protótipo na data de entrada no fornecedor. Com isso, é possível antecipar e programar paradas intermediárias para a atualização do protótipo antes da próxima fase de testes. Essa abordagem sistemática contribui para um gerenciamento de riscos mais eficaz e permite que a empresa mantenha um alto nível de controle sobre as incertezas.

As ações de resposta aos riscos, que surgem das barreiras contingenciais, devem ser incorporadas ao cronograma somente quando seu "gatilho" de resposta for acionado. Essa ação tem por objetivo a prévia apuração do impacto de sua inclusão, em relação aos prazos e custos do projeto.

6.4. Premissas e gatilhos de resposta ao risco

Como mencionado anteriormente, as premissas no planejamento de um projeto representam uma fonte de risco significativa. Elas requerem monitoramento e atualização periódica. Essa vigilância contínua permite que suas derivações sejam avaliadas e, se necessário, alteradas, garantindo que o projeto se mantenha no caminho certo diante de possíveis mudanças.

A avaliação regular das "tendências da premissa" é crucial. Ao realizá-la, podemos estabelecer um ponto de acionamento para o "gatilho" de resposta ao risco, permitindo colocar em prática as ações previamente identificadas como barreiras de contenção.

Por exemplo, imagine que uma premissa foi estabelecida considerando que a taxa do dólar permaneceria dentro de um determinado patamar. Dada a incerteza dessa definição, temos o risco de indisponibilidade financeira, com impacto nas aquisições necessárias ao projeto. Nesse sentido, estipular um percentual máximo de aumento da taxa do dólar pode servir como um gatilho para a implementação de uma resposta ao risco – o monitoramento periódico dessa premissa permitirá identificar o momento adequado para acionar as ações de contenção e, assim, controlar as consequências e os impactos decorrentes de flutuações inesperadas.

A gestão de riscos é um processo iterativo e contínuo que deve ser aplicado ao longo de todas as fases do projeto. Portanto, o gerenciamento proativo das premissas e das respostas aos riscos não apenas minimiza as incertezas, mas também fortalece a capacidade de adaptação do projeto, contribuindo para o seu sucesso final.

6.5. Pontos de atenção relacionados à gestão de riscos

- As premissas identificadas são transferidas e controladas como riscos?
- Os itens candidatos a serem tratados como riscos são avaliados em relação à sua real incerteza e confirmação de serem riscos?
- As probabilidades de ocorrência do evento de risco são avaliadas a partir da estatística de suas causas geradoras (taxa-base)?
- As ações preventivas de resposta ao risco são incluídas no cronograma, com a avaliação dos recursos, ciclos e custos adicionais?

- As premissas são acompanhadas, de forma a servirem como gatilhos das ações de contenção previstas?

- As ações de contenção, no momento indicado pelo gatilho, são incluídas no cronograma, com a avaliação das projeções e dos potenciais impactos associados?

7. Gestão de cronograma e recursos

Planeje-se para o melhor, mas esteja preparado para o pior.

O autor

As áreas de gestão de cronograma e de recursos são especialmente críticas em relação à gestão das incertezas, por estarem relacionadas à tentativa de representar e modelar a estratégia de execução definida – o que precisa ser feito, por quem e quando.

Nesse processo, novas premissas são assumidas e estimativas são feitas. Essa modelagem exige uma compreensão profunda das relações de causa e efeito entre atividades, para definição de sua rede de precedência, declaração dos recursos necessários (considerando suas restrições de capacidade e competência) e durações. Durante a execução, é requerido conhecimento sobre o que podemos controlar, o que devemos monitorar e, em resposta a desvios, como devemos reagir.

Planejar, portanto, é modelar iniciativas e recursos e criar uma representação da realidade; programá-las é ter a capacidade de brincar com suas iterações e possibilidades, aprendendo no virtual antes de tomar decisões e direcionar as ações.

Para esclarecer os fatores que impactam a gestão de incertezas em cronogramas e uso de recursos, dividiremos a análise nos seguintes tópicos:

1. Detalhamento das atividades/tarefas
2. Modelagem da rede de precedência
3. Declaração e controle de recursos
4. Duração das atividades e variabilidade
5. Programações de datas e uso de restrições
6. Atualizações do progresso e projeções

7.1. Detalhamento das atividades/tarefas

Ao criar um cronograma, o primeiro desafio geralmente se refere ao nível de detalhamento das atividades. Isso envolve dividir entregas em etapas ou passos menores, suas atividades e tarefas. A maneira como essas divisões são feitas pode influenciar significativamente a eficácia do cronograma. Um planejamento cuidadoso permite visualizar o progresso de forma mais clara, mas é importante encontrar um equilíbrio adequado.

É um equívoco acreditar que um cronograma muito detalhado garante respostas mais precisas, pois as circunstâncias reais de execução e os recursos podem mudar rapidamente, tornando o plano obsoleto. Assim, um cronograma excessivamente fragmentado pode causar confusão entre os membros da equipe, que podem se sentir sobrecarregados de tantos detalhes.

Planos muito detalhados podem parecer mais factíveis, porém estarão repletos de premissas e previsões de difícil replicação no momento de sua execução. A realidade de um projeto é dinâmica e os fatores que influenciam o seu andamento são frequentemente imprevisíveis. Portanto, ao elaborar um cronograma, é fundamental considerar a flexibilidade como um elemento-chave. Em vez de se prender a um nível de detalhamento excessivo, adotar uma abordagem em diferentes camadas pode ser benéfica. Isso permite ajustes e adaptações conforme necessário e mantém a equipe focada nos objetivos principais. Assim, o cronograma se torna uma ferramenta útil e não um fardo, promovendo um melhor alinhamento entre os envolvidos.

> *Respostas que pretendem ser mais precisas que a incerteza embutida no problema não são respostas melhores.*
>
> *Eliyahu Goldratt*

Para reduzir a incerteza e assegurar a robustez do seu plano, é fundamental adotar práticas eficazes no momento da declaração da atividade. A seguir, apresentamos algumas diretrizes que, se seguidas, contribuirão de maneira significativa para o sucesso da execução do projeto.

Em primeiro lugar, a clareza de resultado é essencial. O foco deve estar no planejamento de atividades que possuam um resultado bem definido (declare "o que" será gerado) e naquilo que será transmitido à próxima atividade do plano, formando assim uma sucessão lógica. É importante evitar a fragmentação exagerada em tarefas intermediárias que detalhem "como" o trabalho será gerado. Essa abordagem promove não apenas a autonomia dos responsáveis, mas também a capacidade de adaptação de seu processo de execução, permitindo que os envolvidos tomem decisões informadas e rápidas em situações que demandem flexibilidade.

Outro aspecto relevante é a continuidade das atividades. Ao detalhá-las, cada uma delas deve dar capacidade ao executante de focar e concluir o resultado esperado nela. Essa prática é essencial para evitar a multitarefa nociva, que frequentemente compromete o fluxo de trabalho e aumenta o *lead time* de execução das atividades. Ao garantir que as atividades sejam autocontidas, promovemos um ambiente de trabalho mais eficiente e produtivo.

A preparação é igualmente vital. É indispensável que, ao planejar uma atividade, seja identificado tudo aquilo que for necessário para a sua execução, como ferramentas específicas, softwares, materiais e informações. Esae conjunto é conhecido como o "full kit" da atividade. O objetivo é prevenir que, no momento da execução, faltem insumos críticos que possam atrasar ou inviabilizar o trabalho. Portanto, o *full kit* deve ser cuidadosamente avaliado e preparado antes de a tarefa ser delegada a um responsável. Iniciar uma atividade sem as condições adequadas é um erro que pode gerar consequências negativas, afetando inclusive a eficiência do projeto como um todo.

Por fim, é imprescindível garantir que a atividade seja bem concluída. Para isso, é necessário identificar e declarar os critérios de sucesso associados a seu término, conhecidos como DoD (*Definition of Done*). Essa prática é fundamental para evitar que o resultado da atividade seja transmitido de forma incompleta ou incorreta para sua sucessora, o que poderia resultar em retrabalhos e comprometer o andamento de outras atividades que deveriam estar em foco. Assim, o DoD deve ser avaliado e atendido antes de considerarmos uma atividade como concluída, assegurando que todos os requisitos foram devidamente cumpridos.

Ao implementar essas práticas, você reduzirá a incerteza e fortalecerá a estrutura do seu plano, garantindo uma execução mais fluida e eficaz das atividades.

7.2. Modelagem da rede de precedência

O segundo ponto de incerteza do cronograma, que está intrinsecamente relacionado ao primeiro, refere-se à criação da rede de precedência das atividades. A construção dessa rede pode se tornar bastante densa e confusa, dependendo de como o trabalho foi dividido e organizado. Cada atividade em um projeto não acontece de forma isolada; existem interdependências que precisam ser cuidadosamente mapeadas. A rede de precedência deve ser desenvolvida com uma clara compreensão das relações de causa e efeito, que estabelecem as conexões entre os resultados gerados como saída de uma atividade e as entradas requeridas para a execução da próxima atividade.

Um erro pode resultar na formação de um falso "caminho crítico" do projeto. Isso gera incertezas sobre quais fatores estão impactando o projeto em cada momento, dificultando o entendimento do andamento das atividades e inviabilizando ações de recuperação efetivas quando necessário. Por conseguinte, a rede de precedência deve focar no fluxo da "passagem de bastão", onde o *output* de uma atividade (predecessora) se transforma no *input* requerido para a próxima atividade (sucessora). Essa visão clara é fundamental para que o cronograma funcione de forma coesa e eficiente.

Um critério adicional que merece atenção é a gestão dos recursos envolvidos nas atividades. Muitas vezes, a transferência de responsabilidades de um recurso para ele mesmo pode indicar uma quebra desnecessária, uma vez que essas atividades poderiam ser unificadas de maneira mais eficaz.

O uso de modelos (*templates*) de cronograma para representar as etapas do desenvolvimento de um projeto é extremamente valioso. Esses modelos funcionam como um *checklist*, assegurando que nenhuma atividade seja esquecida, e ajudam a agrupar assuntos correlatos, promovendo uma visão mais clara do que precisa ser realizado.

Esses padrões podem ser constantemente revisados e aprimorados, permitindo que a modelagem dos cronogramas se torne mais rápida e de maior qualidade ao longo do tempo. É importante ressaltar, no entanto, que os *templates* são referências iniciais que precisam ser adaptadas ao contexto e à unicidade de cada projeto. Essa flexibilidade é fundamental para atender às especificidades e dinâmicas de cada empreitada.

7.3. Declaração e controle de recursos

A fragilização mais comum no ambiente de projetos é a questão referente ao planejamento e uso de recursos.

Tratar o projeto sem considerar as limitações/restrições de recursos é certamente uma das maiores causas de atrasos e custos maiores do que o previsto.

Não gerenciar, ou considerar que os recursos são ilimitados, inviabiliza a tratativa de suas restrições, tanto internamente ao projeto quanto em ambientes com múltiplos projetos, pela não tratativa do compartilhamento dos recursos entre eles, gerando baixa performance por todo o portfólio.

Na gestão tradicional do portfólio, quando feitas, as avaliações de carga *versus* capacidade geralmente são muito quantitativas e consolidadas, por vezes retratando um aparente cenário de viabilidade de execução dos projetos com os recursos disponíveis (capacidade) para o portfólio. Mas um olhar mais detalhado e qualitativo, que considere as diferenças de competência e prontidão das equipes, logo poderá denotar a escassez de determinadas especialidades. A empresa pode ter muitos engenheiros, mas quantos são especializados em ruído ou drenagem de solo? Por vezes, um ou dois. Se tivermos quatro projetos demandando atuação desses especialistas ao mesmo tempo, certamente algo irá atrasar.

Mapear, declarar e controlar a capacidade com base nas especialidades é fundamental para o estabelecimento do "*pool* de recursos" do portfólio. Planejar, considerando suas restrições, é uma medida efetiva para a obtenção de previsões de entrega mais factíveis e sua conclusão eficiente.

A falta de controle dos recursos libera diversas atividades simultaneamente, forçando-os a trabalhar em múltiplas tarefas ao mesmo tempo.

O trabalho multitarefa gera perda de foco e prolonga a execução das atividades (seu *lead time*), pois o executante inicia uma tarefa; para; começa outra; para novamente; e só volta para a primeira depois de muito tempo. E, em adição ao tempo de interrupção, tempo é gasto para o *setup* e o *re-setup*, mesmo que mental, de se preparar e se reorganizar para conseguir avançar novamente nas atividades interrompidas.

Nesse cenário, o grande acúmulo de atividades em aberto (elevado WIP – *Work in Progress*) vai formar filas e gerar atrasos, forçando um processo de constante priorização e repriorização.

Os executantes se veem então forçados a, pelo menos, começar as várias atividades, na tentativa de manter todos os pratos girando e todos os gerentes dos projetos "igualmente insatisfeitos".

Outro comportamento danoso gerado pela multitarefa é a chamada "síndrome do estudante", que faz com que as pessoas posterguem o trabalho na atividade até a data mais próxima à sua entrega – e aí geralmente Murphy[3] ataca, pois só descobrimos os problemas e as dificuldades em relação à atividade quando a iniciamos, e então não há mais tempo disponível.

---

[3] A Lei de Murphy é um adágio popular que diz que "se algo pode dar errado, dará". A máxima que sugere que, quando há uma possibilidade de falha, é provável que ela ocorra.

Quando há tempo disponível para uma atividade, outras coisas sempre parecem mais urgentes. É característico da natureza humana esperar até que uma atividade se torne realmente urgente para realizá-la (procrastinação).

A vida já nos força a atuarmos em multitarefa. Mas quando não controlamos a carga sobre os recursos de nossos projetos, somos nós que estamos promovendo a multitarefa – e vamos colher as consequências dos atrasos acarretados.

Para reduzir a incerteza nos prazos dos projetos, é crucial declarar recursos e suas capacidades. A gestão de carga e da capacidade deve ser uma prática constante, não apenas durante o planejamento inicial dos projetos. Dados o dinamismo e a realidade probabilista da execução de cada atividade, essa gestão precisa ser um processo rotineiro que viabilize análises e ações de controle do WIP.

Exemplo de decisão a partir do controle do WIP: postergar o início de um novo projeto porque a análise de carga *versus* capacidade demonstrou que não haverá recursos para executar o projeto de imediato.

Embora contraintuitivo, muitas vezes é melhor começar o projeto mais tarde para terminá-lo mais cedo! Iniciar sem recursos disponíveis apenas prejudicará os projetos em andamento e atrasará a todos.

Pense nos seus projetos como veículos precisando passar pelas estradas (recursos). Se a estrada ficar congestionada, filas se formarão em sua via de acesso, ao mesmo tempo em que só alguns poucos veículos conseguem chegar ao destino a cada momento. Colocar mais carros só aumenta o problema, mas se você aguardar o tráfego fluir, a velocidade vai voltar a aumentar, e o carro que entrar na estrada chegará mais rápido (por não enfrentar o trânsito). Mais uma vez, é o conceito do "GPS" para projetos! Precisamos de ferramentas que avaliem a disponibilidade de nossos recursos e determinem o melhor momento para utilizá-los, minimizando assim o tempo de execução do projeto. O que importa é o destino, a geração da entrega e a obtenção de seu benefício.

7.4. Duração das atividades e variabilidade

Embora estejamos envolvidos em projetos, confundimos a incerteza de suas atividades com as de processos produtivos. Isso acontece especialmente quando declaramos as datas e durações planejadas das atividades no modelo tradicional de cronogramas. Nos projetos, precisamos lidar e reagir à variabilidade do "único", enquanto em processos queremos controlar e reduzir a variabilidade do recorrente.

Em um ambiente determinista, 10 dias + 10 dias = 20 dias. Mas essa não é a realidade em projetos.

O erro ocorre ao não considerarmos a realidade probabilística (as variabilidades) inerente à natureza incerta das atividades. Quanto maior a incerteza em sua realização, maior será a "cauda" na curva de distribuição de probabilidades. Um cronograma é a soma do resultado das probabilidades de suas atividades.

Dada a potencial variação de duração que as atividades podem levar, o *lead time* total dessas duas atividades pode ter como resultado algo entre 16 e 25 dias.

Embora existam atividades com maior ou menor variabilidade, pouquíssimas podem ter como premissa "zero variabilidade".

Algumas atividades, como processos operacionais conhecidos, têm menor incerteza e variabilidade. Exemplos incluem a emissão de requisição de compra ou a fabricação de peça padrão. Já atividades de pesquisa e desenvolvimento apresentam maior incerteza e variabilidade. Mas, em maior ou menor grau, o tempo de execução pode variar para ambos os tipos. Ignorar essa variação é uma simplificação excessiva que fragiliza.

As datas de término das atividades podem variar em relação às estimativas iniciais, sendo equivocado gerir o cronograma com base em datas fixas para cada atividade. Esse erro é por vezes notado em indicadores de performance das áreas e é conhecido por "cultura do *due date*" (vencimento).

Outro efeito negativo, quando gerenciamos pela cultura do *due date*, é que um atraso em uma atividade é passado para a seguinte, mas um avanço (antecipação) é geralmente desperdiçado. Mesmo quando uma atividade é terminada antes do prazo, a seguinte pode não estar pronta para começar, pois está esperando a data de início prevista/pactuada no cronograma. Os atrasos se acumulam, mas os avanços (antecipações) não. Nesse modelo, um projeto só pode acumular atrasos e nunca terá o benefício de recuperar tempo por antecipações.

Interessante notar que justamente as atividades de maior incerteza, como as relacionadas a pesquisas e desenvolvimento, são as com maiores oportunidades de antecipações. Por serem de cunho intelectual, uma nova ideia (*insight*) pode rapidamente solucionar um desafio e concluir a atividade em menor duração.

Agora, cientes da variabilidade natural na execução de atividades em projetos e sabendo que algumas atividades, mesmo demorando mais que o previsto, não afetam o prazo final (por terem margem e não estarem no caminho crítico), por que gerenciá-las com datas fixas, via cultura *due date*?

Embora pareça a forma mais comum e fácil de monitorar a conclusão da atividade, qual é o benefício de cobrar os executantes pelo atendimento de datas irrealistas? Que comportamento esse tipo de medição acarreta?

Entre entregar o trabalho completo com qualidade e cumprir a data acordada com seu líder, o que você faria? Entregaria, mesmo que incompleto, e depois revisaria?

> *Diga-me como me medes e te direi como me comportarei, se me medires de forma ilógica não reclame de comportamento ilógico.*
>
> *Eliyahu Goldratt*

Diante desse modelo de gestão, é normal que as pessoas busquem se proteger e façam estimativas de duração bem maiores (com agregação de segurança), de forma a não serem prejudicadas por não atenderem a uma data acordada.

Por vezes, ainda mais segurança é acrescentada pelos líderes funcionais, pelos líderes de pacote e pelo próprio gerente do projeto, que, por saberem que a administração pedirá cortes nos prazos, inflam ainda mais as estimativas iniciais. A consequência é um jogo de enganação onde todos perdem.

Embora toda essa segurança seja incluída, o sistema continua frágil e sensível às incertezas, devido à falta de tratativa sistêmica aos efeitos da escassez, da falta de segurança e da falta de alternativas.

Estimativas de tempo tornam-se predeterminações (Lei de Parkinson – como os gases, ocupam todo o espaço disponível). Na visão do executante, não existe recompensa ou motivo para acabar mais cedo uma atividade, e sim penalidade, pois na próxima vez que tiver que executar uma tarefa similar receberá pressão para cortar sua nova estimativa de duração. Portanto, quando "sobra tempo", o executante prefere revisar ou pôr novos detalhes na atividade (polir a maçã), de forma a não entregar antes do prazo acordado.

O ambiente, cheio de multitarefa, filas, mudanças de prioridades e retrabalhos, favorece a perda de sincronismo e a baixa qualidade. Isso intensifica comportamentos inadequados devido à sobrecarga, à pressão e aos prazos de entrega.

O que realmente importa é o desempenho do projeto em sua totalidade. No final, pouco interessa quantas atividades não foram concluídas no prazo, o que interessa é se o resultado foi entregue na data prometida. Quando tentamos proteger o prazo de cada atividade, estamos buscando ótimos locais; só quando buscamos o desempenho do projeto na totalidade é que estamos atuando para o ótimo global.

Portanto, em relação à estimativa de duração para cada atividade, precisamos de uma abordagem que possibilite identificar e gerenciar sua variabilidade. Um exemplo é o enfoque da avaliação de três pontos, técnica que usa três previsões (de custos ou duração) para representar os cenários – "otimista", "mais provável" e "pessimista". Outra possibilidade é a abordagem de algumas ferramentas de CCPM, que utilizam duas estimativas – "duração de foco" e "duração de baixo risco" (com maior segurança) – para avaliar a variabilidade potencial da atividade.

O importante é evitar a "certeza na incerteza" e estabelecer um método de como considerar e responder as variabilidades que irão (certamente) ocorrer.

Mais uma vez como exemplo, o método da CCPM estabelece um "pulmão de tempo" (um ciclo adicional, ao final da rede de atividades) cujo objetivo é atuar como um amortecedor de incertezas. Ele será consumido por durações maiores que o previsto (que impactem o caminho/corrente crítica) e revitalizado por antecipações que ocorram ao longo da execução das atividades da corrente.

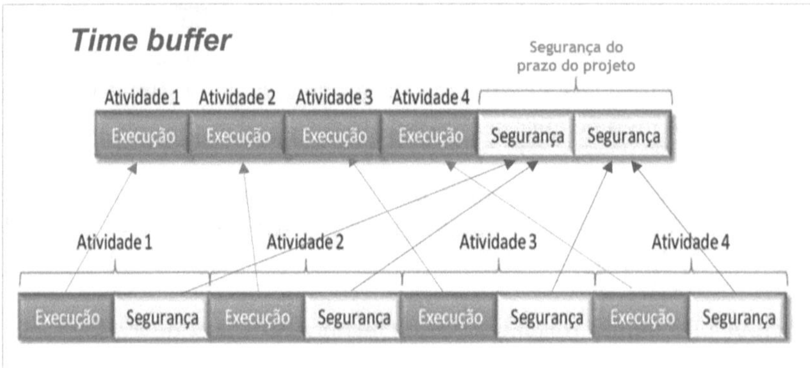

Figura 2. *Time buffer*.
Fonte: o autor.

De forma didática e simplificadora, o pulmão de tempo (*time buffer*) pode ser estabelecido através da seguinte equação:

Pulmão de Tempo = $(\Sigma DBR - \Sigma DF) \times X\%$

Onde:

- ΣDBR: somatório das durações de baixo risco (pessimista)
- ΣDF: somatório das durações com foco (otimista)
- X%: fator de otimização, pela agregação de segurança

O "fator de otimização" é viabilizado pela agregação das seguranças individuais, que, por estarem agora consolidadas, possibilitam que, mesmo com um ciclo menor de pulmão (otimizado), consigamos atender probabilisticamente aos potenciais desvios. O percentual para esse fator é geralmente em torno de 50% a 70%, a depender do nível de incerteza do projeto.

7.5. Programações de datas e uso de restrições

Como mencionado nos tópicos anteriores, usar as datas do planejamento como referências fixas pode causar falhas de gestão. Isso vale inclusive para a coordenação de recursos internos ou externos (fornecedores), resultando em baixa performance.

Portanto, na elaboração do cronograma, em lugar de questionar e negociar datas de início e término para as atividades, passamos a adotar a informação da previsão de seus ciclos (considerando suas variabilidades associadas).

Uma vez que tenhamos declarado as atividades, suas precedências e suas durações (ciclos), o próximo passo é gerar a programação das datas. Aqui, mais uma vez, não podemos recair no erro de acreditar que estas ocorrerão conforme tal projeção; devemos entendê-las como a "melhor visão do futuro no momento". Conforme o projeto avance e as estimativas forem atualizadas, novas projeções serão obtidas, possibilitando a análise e a eventual adaptação.

Porém, para que nossas projeções consigam demonstrar o impacto das atualizações das atividades, precisamos que sua rede de precedências seja o mais maleável e dinâmica possível, ou seja, contenha o mínimo de travas em datas, as chamadas "restrições de data" nas ferramentas de cronograma.

É prática comum, na abordagem tradicional de gestão de cronogramas, o estabelecimento de restrições de datas dos tipos: deve iniciar/terminar em; não iniciar antes/depois de; não terminar antes/depois de; o mais breve/tarde possível.

Quando incorporadas ao cronograma, essas restrições tentam impor controle e certezas frente à incerteza, enfraquecendo a gestão. Essa ação impossibilita a criação de projeções e simulações, práticas que poderiam permitir a compreensão das consequências de atualizações e, se aplicável, o ajuste do curso do projeto.

O mecanismo de "restrições de datas" pode, e até deve, ser utilizado em casos em que a realidade do contexto do projeto o exija, como quando temos apenas uma "janela de oportunidade" para realizar ensaios em determinado laboratório ou protótipo; ou a incapacidade de começar uma montagem antes do término da construção de uma infraestrutura crítica da qual o projeto depende para avançar. Mas não sendo este o caso, as datas previstas não devem limitar a movimentação do cronograma pela programação. O desejado é que as atualizações em uma atividade possam alterar as projeções das datas das demais, seja para frente, indicando atraso, ou para trás, sugerindo antecipação da entrega.

7.6. Atualizações do progresso e projeções

Durante a execução do projeto, tradicionalmente, questionamos o quanto já foi feito de uma atividade, seu percentual de avanço ou evolução. Geralmente os executantes buscam estar aderentes ao percentual previsto ou planejado para a data da medição e reportam uma porcentagem de execução bem próxima ao previsto. Esse mecanismo continua da mesma forma até estarmos próximos aos 90%, momento em que a evolução começa a "patinar" e os avanços reportados desaceleram (91%; na próxima medição, 92%; na próxima, 92,5% e assim por diante). Problemas e dificuldades ficam ocultos, e só sabemos que algo está errado quando já atrasamos, não sendo mais possível atuar em tempo oportuno e de forma preventiva.

Esse tipo de acompanhamento não consegue representar a real situação da atividade, muito menos a incerteza associada ao que falta ser feito para a conclusão do entregável do projeto.

Uma analogia seria pensar que precisamos ir de uma cidade do interior até o centro de uma capital. A distância total é de 100 km e o horário requerido para a chegada é 9h da manhã. Saímos às 8h da manhã e, ao chegarmos na divisa com a capital, podemos reportar que já andamos 90 km, ou seja, 90% da atividade concluída, certo? Mas os próximos 10 km, que serão por avenidas congestionadas, podem levar o dobro do tempo já gasto. Portanto, o percentual já percorrido não consegue representar a incerteza associada ao que falta ser percorrido, nem quanto tempo isso pode ainda levar (vamos chegar no horário requerido?).

Apenas uma nova previsão de "quanto tempo falta" poderia indicar a incerteza de alcançarmos o centro da capital no horário previsto. Precisamos do "GPS" do projeto monitorando nosso caminho e informando a previsão de chegada!

Acompanhar o andamento do projeto pela porcentagem de atividades realizadas é como dirigir um carro só olhando pelo retrovisor.

O processo de atualização do progresso deve focar no tempo restante para finalizar a atividade. O executante da atividade deve fornecer a informação, avaliando o trabalho em execução e estimando a duração restante para sua conclusão. As incertezas diminuem com o avanço da execução da atividade, e cada atualização é uma nova estimativa sobre o que falta.

Esta informação é usada para atualizar a programação do cronograma, mostrando a nova projeção de datas. Através da dinâmica da rede (movimentação para frente – tendência de atraso – ou para trás – tendência de antecipação) gerada pela reprogramação do cronograma, podemos ver a tendência de entregar ou não o resultado do projeto na data acordada.

Atualizar o cronograma não se restringe a obter informações sobre as novas estimativas de duração. O plano precisa ser vivo e dinâmico, portanto, sempre que requerido, novas atividades devem ser incluídas e, diante de novas informações, atividades futuras detalhadas ou corrigidas. O grande objetivo é constantemente avaliar a previsão de conclusão do projeto. É como em uma viagem de carro: se decidimos de última hora entrar em uma cidade para ver um ponto turístico, queremos que nosso GPS identifique essa mudança de trajeto e atualize nossas estimativas de chegada ao destino final.

Nesse ponto, é importante lembrar do que falamos na gestão de riscos sobre a tratativa requerida para as "ações de barreiras contingenciais" e a identificação de ações alternativas a serem colocadas em prática (plano "B"). Quando o gatilho do risco é acionado, devemos revisar o cronograma e incluir essas atividades, avaliando e atuando preventivamente sobre seus potenciais impactos.

Agora, com a informação da projeção e seu impacto nas entregas, nosso processo de gestão nos permite avaliar atividades em execução e outras no caminho crítico. Isso nos auxilia a definir estratégias para diminuir o tempo futuro estimado, seja adicionando recursos, executando atividades em paralelo, alterando o meio de transporte de materiais ou mudando de fornecedor. O objetivo é reverter tendências de atraso e recuperar a favorabilidade de nossas tendências de entrega.

Visando estabelecer um plano de recuperação, é importante lembrar que a sequência das atividades e suas relações lógicas foram construídas assumindo-se premissas. Quando dizemos que uma predecessora precisa estar completa para então iniciarmos uma sucessora (relação "fim-início"), estamos assumindo que isso é uma verdade. Contudo, na busca por otimizar o que falta ser feito no projeto, essas premissas podem ser desafiadas e novas estratégias de execução, que reduzam os ciclos futuros, estabelecidas.

Planejar é estabelecer premissas. Otimizar o plano é desafiá-las!

No método da CCPM, com o uso do pulmão de tempo, as projeções são refletidas em um indicador chamado *Fever Charter*. O gráfico ilustra como o projeto consome o pulmão, em relação ao avanço da corrente crítica. Assim, gera um ponto de controle a cada ciclo de atualização. Por faixas diagonais de controle (verde, amarela e vermelha), o gráfico orienta a atenção gerencial, ou seja, o momento em que não é preciso intervir (ponto no verde); momento em que, devido ao aumento da tendência de atraso, a gestão deve começar a avaliar alternativas de recuperação (ponto no amarelo); e o momento no qual a gestão precisa revisar o plano e colocar as alternativas previstas em ação (ponto no vermelho).

Pulmões são consumidos pela incerteza e recuperados pela ação gerencial.

7.7. Questões relacionadas ao cronograma e recursos

- Seu cronograma está com nível de decomposição adequado?
- O caminho crítico do seu cronograma faz sentido intuitivamente? Você consegue observar a "passagem de bastão" entre os recursos envolvidos?
- As respostas aos riscos são incorporadas a seu cronograma?
- As durações das atividades consideram as variabilidades?
- Você está declarando os recursos e suas capacidades? As cargas de trabalho estão representativas?
- Você avalia e resolve sobrecargas nos recursos?
- Sempre que necessário, você revisa o cronograma, altera e inclui atividades, de forma a possibilitar uma visão atualizada de suas tendências de entrega?
- Seu cronograma tem algum mecanismo de segurança, como o pulmão de tempo?

- Que informação você obtém das atualizações da execução? Você avalia tendências e adapta seu plano a partir delas?

- Na gestão multiprojeto, o *pool* de recursos disponível para executar os projetos do portfólio foi mapeado com base nas especialidades das pessoas?

- Em relação ao seu portfólio, você acompanha a carga *versus* a capacidade dos projetos e trata sobrecargas? Conhece seus recursos restritivos de capacidade e os gerencia? Seu WIP é periodicamente avaliado e está em níveis adequados?

- Seus indicadores são adequados e geram os comportamentos requeridos?

8. Gestão de custos e aquisições

O mundo muda em frente aos nossos olhos. Se não atualizarmos nossas premissas, nossas decisões estarão sempre atrasadas.

Clayton M. Christensen

Falar de custos dos projetos requer um olhar mais global, considerando também sua viabilização, ou seja, o processo de planejamento e gestão orçamentária.

A gestão financeira empresarial pouco evoluiu desde a Revolução Industrial. De acordo com Johnson e Kaplan (1996, p. 5-7), como consequência dessa revolução, os proprietários de empresas passaram a direcionar significantes somas de capital para seus processos de produção e a contratar empregados para longos prazos, objetivando máxima eficiência dos investimentos de capital.

Avanços adicionais na tecnologia dos sistemas de contabilidade gerencial conjugaram-se ao movimento da administração científica, visando segregar operações e seus resultados. Segundo Taylor, um dos criadores da administração científica, o objetivo era melhorar a eficiência e a utilização da mão de obra e da matéria-prima. Contudo, as organizações expandiram essa abordagem em múltiplas atividades. Isso se deve ao aumento exponencial da complexidade das transações internas e à dificuldade de processar tantas informações. Assim, as operações globais foram divididas em departamentos independentes, cada um sendo responsável por atividades especializadas, como fabricação, distribuição, transporte, finanças e compras. Nessa abordagem, cada departamento deve prever tanto seus custos quanto seus resultados, os quais se tornam metas de controle para o próximo ano.

A crença reducionista, que acredita na melhoria das partes como forma de otimizar o global, passou a ditar o paradigma dominante. Nesse modelo de gestão, assumem-se premissas que nem sempre são válidas no contexto atual, com as empresas enfrentando uma complexidade crescente e precisando lidar eficientemente com incertezas para se adaptar rapidamente às mudanças.

Embora seja notório o dinamismo do contexto externo das companhias, caracterizado por mudanças constantes no mercado, políticas governamentais, regulamentações, crises e inovações disruptivas, o processo orçamentário continua a viver na "ilusão de validade". Esse viés ocorre quando, mesmo cientes da aleatoriedade e variabilidade dos eventos, persistimos na crença de que nossas conclusões, fundamentadas na percepção e na história causal que criamos em nossas mentes, são infalíveis. Assim, mesmo sabendo que o orçamento do próximo ano de uma empresa é elaborado com base em estimativas preliminares e incertas, o utilizamos de maneira absoluta e determinística, como se fosse uma previsão irrefutável do futuro.

O processo orçamentário, por sua essência, é uma prática que busca criar previsões. O objetivo é conciliar, da melhor forma possível, as estimativas de demandas e resultados futuros com os recursos que serão necessários para tal. Essa tarefa é realizada dentro de limites financeiros bem definidos, que refletem a capacidade da empresa projetada para o ano seguinte. O planejamento orçamentário envolve a estimativa de gastos para cada área envolvida, seguido de um processo de consolidação que, idealmente, deveria resultar em um panorama financeiro coerente factível.

Entretanto, caso o montante previsto se mostre inviável financeiramente, uma nova rodada de cortes e revisões se faz necessária. Esse processo, além de laborioso, é moroso, exigindo a participação de muitas pessoas em reuniões e análises recorrentes. A participação de diferentes áreas da empresa é crucial, uma vez que cada departamento possui suas próprias necessidades, o que torna o processo ainda mais complexo.

Apesar de todo o esforço despendido na elaboração do orçamento, é importante destacar que os gastos realizados frequentemente divergem do que foi inicialmente previsto. Essa discrepância entre o planejado e o executado pode ser atribuída a diversas variáveis, como mudanças imprevistas no mercado, decisões estratégicas que não foram contempladas nas estimativas ou até mesmo falhas na comunicação entre os departamentos envolvidos. Assim, o desafio do orçamento não reside apenas na sua elaboração, mas também na sua adaptabilidade e na capacidade de resposta da empresa às nuances do ambiente em que opera.

Portanto, é fundamental que as organizações reavaliem suas práticas orçamentárias, adotando uma abordagem mais flexível que leve em conta a incerteza e a complexidade do mundo atual. A verdadeira eficácia do orçamento está na capacidade de se adaptar e responder às rápidas mudanças do contexto externo.

Outro aspecto importante é enquadrar adequadamente a gestão orçamentária em relação à META empresarial. Um dos principais erros conceituais é entendê-la como um fim em si, quando na verdade tem por objetivo a provisão dos recursos requeridos para a viabilização do planejamento estratégico estabelecido (executado em parte através dos projetos), dentro de margens financeiras aceitáveis e preservando o caixa da empresa.

Dentre os principais problemas (sintomas) do processo orçamentário, estão os seguintes relatos:

- Temos que prever, de maneira precisa, os custos de cada item que irá compor orçamento do próximo exercício.
- Temos que cumprir com exatidão o orçamento planejado (real *versus* planejado).
- Por vezes, o orçamento é insuficiente para desafios que aparecem ao longo do ano.
- Há muitas incertezas, e não sabemos previamente o que vamos precisar ao longo do ano.
- Não temos como priorizar efetivamente investimentos entre si.
- Antes que as atividades sejam completadas mudam-se as prioridades devido a novas demandas.
- Constante conflito sobre prioridades entre o planejamento e o orçamento liberado.
- Os cortes orçamentários ocorrem por tipo de custo (mão de obra, despesas operacionais ou CAPEX), por vezes inviabilizando um projeto.
- Ocasionalmente, os gastos ficam acima do orçamento aprovado.

Mas o real problema crônico que estamos tentando resolver é o da "busca da certeza na incerteza", a ideia de que, ao detalhar as partes (reducionismo) e consolidá-las, serão obtidas respostas concretas para nossas incertezas.

Um dos principais pressupostos considerados na gestão de custos e orçamento é: "as estimativas são compromissos das áreas com a organização".

Assim como na gestão tradicional de cronograma, onde o prazo das atividades é tratado de forma determinística e usado como compromisso com a empresa, as estimativas de gastos também o são. Embora tenham sido geradas por previsões, assumindo-se diversas premissas com alto grau de incerteza, são tratadas como se tivessem precisão e estabelecidas como metas rígidas.

De forma semelhante às pessoas que buscam se proteger e incluem contingências nos prazos, existem motivos para se incluírem contingências nas estimativas de gastos e mecanismos que, por vezes, acabam desperdiçando ou consumindo essas proteções.

8.1. Motivos para colocar segurança nas estimativas de custos

- **Medo do desconhecido:** devido à incerteza sobre o que será feito e como as pessoas preveem gastos, são adicionadas margens de segurança que protegem de imprevistos.

- **As estimativas serão utilizadas como um "compromisso assumido" com a empresa:** como os valores estimados serão utilizados pela organização e posteriormente validados, o orçamento acaba se tornando uma referência imutável, a ser administrada e cobrada como meta.

- **Acréscimo de segurança:** a contingência é agregada em cada nível gerencial. Busca-se proteção contra erros de estimativas que podem prejudicar o resultado da área. Se executantes estimarem mal, a gerência será penalizada.

- **Proteção contra cortes da administração:** como geralmente a alta administração faz cortes por acreditar que existem "gorduras" nas estimativas, as áreas adicionam ainda mais contingências (um jogo de "perde-perde").

8.2. Mecanismos que levam a desperdiçar/ consumir tais proteções

- **Síndrome do estudante:** é característico da natureza humana esperar até que uma atividade se torne urgente para realizá-la. Esse comportamento pode resultar em atrasos na execução dos custos e na sobra desnecessária de recursos do ano, o que pode acarretar prejuízos financeiros para a empresa, pelo prévio contingenciamento dos recursos e pelo atraso na efetivação dos benefícios esperados com a conclusão do projeto.

- **Lei de Parkinson:** na execução das atividades, a Lei de Parkinson dita que "o trabalho se expande de modo a preencher o tempo disponível para a sua realização". Sua expressão no ambiente dos custos é: os gastos se expandem para preencher o orçamento disponível. Ainda que as atividades sejam completadas gastando menos, busca-se gastar todo o orçamento restante para cumprir a previsão orçamentária inicial, mesmo não gerando os benefícios que eram previstos.

Os motivos para tais comportamentos são:

- Orçamento é um compromisso assumido e gerenciado (aderência ao estimado).
- Manter a credibilidade de quem deu a estimativa.
- Garantir a próxima negociação de orçamento.
- Não há incentivo algum para gastar menos.

8.3. Indicadores de custo/orçamento e sua influência

No processo de gestão de custos/orçamento, dois indicadores têm forte influência no comportamento e atitude das pessoas.

8.3.1. Indicador de aderência do real ao planejado no projeto

São os indicadores e controles que, embora partam de valores estimados com grande imprecisão no planejamento (ROM – *Rough Order of Magnitude* – Ordem de Magnitude Aproximada), são usados com base na premissa de que a realização ocorrerá conforme o estimado, estabelecendo um alvo fixo sem considerar que ele é dinâmico ou uma faixa de valores potenciais.

8.3.2. Limite orçamentário – previsão futura com base no passado

O uso do histórico de gastos realizados no ano anterior como limite orçamentário para o orçamento do próximo ano significa assumir a frágil premissa de que os desafios dos projetos do próximo ano vão ser iguais aos do ano anterior (em complexidade, interfaces, recursos requeridos, esforços etc.).

Há uma clara herança de controles gerados para ambientes produtivos (relativamente mais estáveis), em uma falha de interpretação e adequação ao contexto de grande incerteza dos projetos.

Esse tipo de controle leva as pessoas a gastar mais do que o necessário para cumprir as entregas acordadas, pois se não atingirem o valor planejado serão penalizadas, tanto por falharem em cumprir a meta do projeto/orçamento deste ano quanto por terem a previsão do próximo ano ajustada com a nova referência menor. Portanto, precisam dar um destino à "sobra orçamentária" (criar escopos adicionais, gastar em cursos ou congressos não requeridos etc.).

Como vimos, medições influenciam fortemente o comportamento humano. Indicadores mal formulados podem acarretar ações muito prejudiciais aos resultados almejados.

> *O principal objetivo de uma medida de desempenho operacional é induzir os departamentos a fazerem o que é bom para a empresa como um todo.*
>
> *Eliyahu Goldratt*

Você só pode gerenciar o que pode medir. Entretanto, assegure-se de que aquilo que está sendo medido é realmente o que você deseja gerenciar.

8.4. Lidando com incertezas de custos e aquisições

A gestão das aquisições, quando tratada de forma isolada ou paralela ao cronograma, tende a perder o sincronismo com a execução real do projeto e suas projeções dinâmicas. Isso pode gerar descompassos críticos, como atrasos na entrega de insumos, indisponibilidade de serviços no momento necessário ou impactos no orçamento corporativo do exercício.

A elaboração do plano de aquisições, por sua vez, enfrenta um cenário de alta incerteza nas fases iniciais do projeto. Nesse estágio, são feitas premissas sobre o que será adquirido, quando será necessário e qual o custo estimado. Essas premissas, embora essenciais para a construção de uma visão inicial do plano, precisam ser constantemente revisadas e atualizadas à medida que o processo de compras e contratações avança. Essa atualização contínua é fundamental para garantir as projeções financeiras (gastos já realizados mais a tendência do que falta ser gasto) e o alinhamento com o cronograma real do projeto.

Prover essa abordagem integrada irá fortalecer a governança do projeto, aumentar a previsibilidade de custos e prazos e melhorar significativamente as chances de entrega dentro dos objetivos corporativos estabelecidos.

A seguir veremos algumas práticas que podem ser feitas para melhorar a gestão de custos e aquisições em projetos e lidar com as incertezas.

8.4.1. Considerar estimativas apenas "estimativas"

É fundamental reconhecer que as estimativas não são números absolutos, mas representações que podem variar consideravelmente ao longo do tempo, em diferentes estágios e situações. A flutuação no valor estimado para a compra de um computador padrão é, sem dúvida, menor do que para um equipamento inédito a ser desenvolvido, com especificações ainda preliminares.

Essa distinção é crucial, pois reflete o nível de incerteza das estimativas de cada item e a cada momento. A incerteza, e consequentemente o valor obtido em cada momento do processo de aquisição (cotação, negociação, contratação e realização), pode ser bem diferente, exigindo, portanto, um olhar atento às premissas e variabilidades contidas em cada número.

Ao realizar estimativas para a elaboração do plano de custos, é imprescindível identificar e declarar tais variabilidades. Um exemplo de método eficaz é o enfoque da avaliação de três pontos, que utiliza três previsões para representar os cenários: "otimista", "mais provável" e "pessimista". Essa técnica permite uma melhor compreensão das possíveis flutuações de custo. Alternativamente, podem ser adotadas abordagens que utilizam duas estimativas – "valor mínimo" e "valor máximo" –, para que os tomadores de decisão avaliem a variabilidade potencial dos custos de cada atividade de maneira mais eficiente.

Um ponto de atenção é a tratativa dos custos de mão de obra utilizada no portfólio de projetos. Despesas com pessoal interno a empresa (labor) devem ser gerenciadas em separado das aquisições, pois, normalmente, não variam de forma linear com as entregas. O acompanhamento desses gastos deve estar relacionado à alocação dos recursos no projeto, considerando seu ciclo previsto de execução (lembre-se de que o pulmão de tempo faz parte desse ciclo). Essa abordagem se justifica pelo fato de que os custos com pessoal são inerentes à estrutura organizacional e permanecem constantes, independentemente do volume de projetos.

Dessa forma, é importante adotar uma gestão eficaz desses gastos com mão de obra, garantindo que os recursos humanos sejam alocados de maneira otimizada nos projetos do portfólio. A gestão do envolvimento dos colaboradores nos projetos permite identificar possíveis desvios e áreas que necessitam de ajustes (recursos restritivos de capacidade). Além disso, uma gestão separada das despesas de labor facilita a transparência nos relatórios financeiros e proporciona uma visão mais clara sobre a rentabilidade e a eficiência do portfólio.

Ao final do processo de planejamento dos custos é normal que se crie uma "linha de base" (*baseline*) para referência de controle. Mas, diferentemente do tradicional, devemos ter duas curvas de gastos planejados a acompanhar. Considerando o estabelecimento de valores previstos "mínimos e máximos", devemos então determinar uma faixa de resultados aceitáveis como meta, visando a obtenção dos entregáveis com o custo entre as linhas de referência.

8.4.2. Ter mecanismo de segurança dos custos globais

Uma abordagem eficaz é a implementação do conceito de "pulmão de dinheiro" (*money buffer*). Essa técnica consiste em, a partir da consolidação das estimativas para as aquisições necessárias, segregar uma parte dos valores como uma reserva orçamentária global.

É imprescindível lembrar que o plano de custos deve atender também aos custos estimados para o potencial atendimento de "planos alternativos" (exemplo: custo da alternativa de realização de determinado serviço de forma externa, em vez de internamente), frequentemente denominados como "planos B". O planejamento deve abranger ações contingenciais que visem mitigar riscos e garantir a continuidade do projeto mesmo diante de adversidades. Um plano de contingência sólido proporciona segurança financeira e transmite confiança a todos os *stakeholders* envolvidos.

Na prática, o "pulmão de dinheiro" (*money buffer*) é uma parte reservada do custo total cujo objetivo é atuar como um amortecedor global de incertezas. Ele será consumido por gastos maiores que o previsto e revitalizado por economias que ocorram ao longo da execução das atividades.

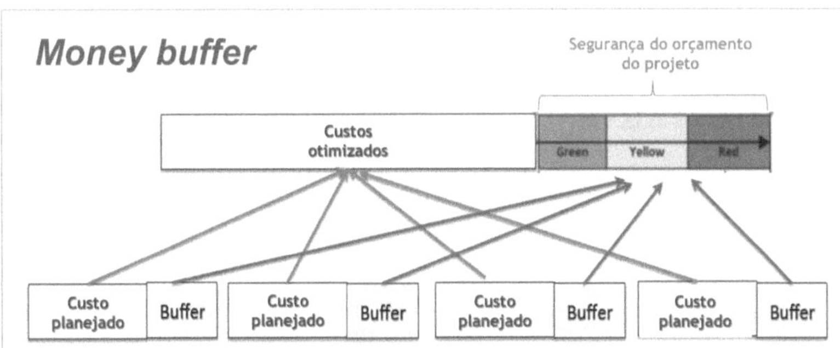

Figura 3. *Money buffer*.
Fonte: o autor.

O pulmão de dinheiro (*money buffer*) pode ser estabelecido através da seguinte equação:

Pulmão de dinheiro = $(\Sigma VP - \Sigma VO) \times X\%$

Onde:

- ΣVP: somatório dos valores pessimistas
- ΣVO: somatório dos valores otimistas
- X%: fator de otimização, pela agregação de segurança

O "fator de otimização" é viabilizado pela agregação das seguranças individuais, que, por estarem agora consolidadas, possibilitam que, mesmo com um valor menor de pulmão (otimizado), consigamos atender probabilisticamente aos potenciais desvios. O percentual para esse fator é geralmente em torno de 70% a 80%, a depender do nível de incerteza das estimativas das aquisições. Conceitualmente, se a diferença entre valores mínimos e máximos estimados for baixa, o percentual do fator de otimização pode ser maior (90% a 100%, promovendo baixa ou nenhuma redução sobre o valor total estimado, devido à baixa incerteza em relação às estimativas). Mas se a variação for grande, pode ser um percentual menor (devido à grande incerteza em relação às estimativas), reduzindo assim o valor total previsto para as aquisições.

O pulmão de dinheiro é essencial para lidar adequadamente com as variações e incertezas que podem surgir ao longo do desenvolvimento do projeto. Assim, a organização se torna mais resiliente frente a flutuações inesperadas que poderiam comprometer o sucesso da iniciativa.

8.4.3. Controlar a execução dos gastos de forma preventiva

Durante a execução do projeto, a estimativa de gastos futuros para cada item deve ser frequentemente revisada, refletindo a melhor previsão de valores e o momento de sua efetivação. Essa abordagem proporciona uma visão da tendência de realização dos custos até o término do projeto, possibilitando atuação preventiva sobre potenciais desvios significativos.

Para tanto, os responsáveis pelos itens devem constantemente atualizar e validar as premissas anteriormente adotadas, registrando informações conforme o processo de aquisições evolui e o projeto avança.

Novas informações são geradas a cada etapa, mudando significativamente os valores (estimativa inicial; valor da proposta; valor da requisição de compra; do pedido de compra; e, finalmente, do pagamento, que pode inclusive ser quebrado por entregas, como no caso de serviços).

Acompanhar a realização e a tendência das despesas é um passo fundamental para garantir a saúde financeira de qualquer projeto. A ação prática é questionar periodicamente "**qual a atual estimativa do gasto futuro?**" de cada atividade, considerando informações que podem surgir ao longo do tempo.

De forma análoga ao proposto como prática para a gestão do prazo, onde o foco é o "quantos dias faltam?", ou seja, uma nova estimativa do trabalho futuro, na execução dos gastos faremos a mesma coisa. Gastos já realizados são apurados e contabilizados em processo paralelo, possibilitando posterior integração para a projeção acumulada ao término (*forecast*).

A integração do plano de aquisições com o cronograma tem como principal objetivo fornecer a visão mais atualizada possível sobre os valores futuros a serem despendidos, alinhando as decisões de compra com a realidade dinâmica do cronograma do projeto.

Obteremos então as projeções e consecutivas tendências a partir dos seguintes mecanismos:

- Projeção automática de postergação de ocorrência, dada pela atualização de atividades predecessoras à atividade de aquisição prevista no cronograma.
- Postergação manual, pela nova previsão de ocorrência da própria aquisição (uso de restrição de início).

A atualização contínua das projeções de custo com base em eventos do processo de aquisição permite uma visão mais realista e responsiva do desempenho financeiro do projeto.

8.4.4. Gerenciar o *money buffer* de forma proativa

Como vimos, é imprescindível monitorar a utilização da reserva financeira previamente estabelecida. Caso se observe uma tendência de custos superior ao previsto, deve-se atuar proativamente em sua recuperação.

Para tanto, é preciso estabelecer um processo eficaz de gestão do pulmão de dinheiro, que consiste em acompanhar de forma rigorosa o consumo dessa proteção financeira.

Munidos das informações de gastos já realizados e do que falta ser gasto até o fim do projeto, podemos adotar um indicador do tipo semáforo, orientando o que deve ser feito. Se as atualizações mantiverem a tendência de consumo do pulmão dentro da faixa verde, não será necessário adotar nenhuma ação corretiva. No entanto, se o consumo migrar para a faixa amarela, será essencial já estudar alternativas de intervenção. Caso o cenário se agrave e o consumo atinja a faixa vermelha, um plano de recuperação deve ser imediatamente estruturado e implementado. Esse plano pode incluir a decisão de cortes de itens não críticos, mudanças de estratégia de execução que possam gerar economia (como, por exemplo, mudar o transporte de um item não crítico de aéreo para marítimo), dentre outras alternativas.

É crucial ressaltar que a alteração dos indicadores tradicionais de gestão orçamentária é necessária, de forma a eliminar divergências de objetivos e comportamentos. O foco deve ser direcionado para a geração do valor/benefício almejado com as entregas, tendo o orçamento como seu viabilizador. Durante a execução, a atenção deve se concentrar unicamente nos desvios significativos, monitorando, assim, o pulmão de dinheiro. A meta é realizar as entregas dentro da faixa prevista de orçamento global.

8.5. Pontos de atenção relacionados a custos e aquisições

- O plano de custos do seu projeto é frequentemente atualizado, tanto em valores e previsão de datas de ocorrência quanto em detalhamento (pela evolução no processo de aquisição)?
- Seu plano de custos tem algum mecanismo de segurança, como o pulmão de dinheiro?
- Seu modelo de gestão de custos avalia tendências e potenciais impactos? E, quando requerido, estabelece ações de recuperação, visando manter o nível adequado de segurança?
- Os indicadores da gestão de custos e orçamento consideram as incertezas? Suas metas visam a "certeza de um resultado" ou preveem uma faixa de variação de valores aceitáveis?
- Seu processo de gestão de custos tem foco nos resultados/ benefícios pretendidos com a realização das entregas dos projetos, tendo o orçamento subordinado a essa visão? Ou sua gestão de custos tem vida e metas próprias na sua organização?

9. Gestão das partes interessadas e comunicação

A melhor solução não é a mais sofisticada, mas a que melhor atende às necessidades de todos os envolvidos.

Donald Norman

A comunicação eficaz com os *stakeholders* de um projeto é frequentemente permeada por incertezas que podem comprometer a compreensão mútua e o alinhamento de expectativas. Essas incertezas, que podem surgir de diferentes interpretações de informações, agendas conflitantes ou até mesmo da falta de clareza nas mensagens transmitidas, exigem uma abordagem inteligente e estratégica. É fundamental que os gestores desenvolvam habilidades de escuta ativa e adaptem sua comunicação, criando um ambiente propício para o diálogo aberto. Dessa forma, é possível não apenas mitigar as incertezas, mas também transformar potenciais obstáculos em oportunidades de engajamento e colaboração, assegurando que todos os envolvidos estejam na mesma página e comprometidos com o sucesso do projeto.

A plena compreensão do escopo, dos riscos e dos recursos necessários para a execução do projeto demanda o entendimento e a consideração de diversos requisitos provenientes de diferentes *stakeholders*, além do conhecimento sobre o ambiente em que o projeto será realizado. Muitas incertezas e divergências quanto ao verdadeiro objetivo do projeto e aos entregáveis esperados resultam da falta de clareza sobre o papel, os interesses e as expectativas das partes envolvidas.

Os *stakeholders* do projeto apresentam expectativas e objetivos variados. Por exemplo, durante a execução do projeto, enquanto um "cliente" do plano se concentra em suas fases, seus custos e suas entregas, outro pode priorizar a sequência das atividades e os recursos necessários para sua realização.

9.1. Modelagem em níveis de gestão

Em projetos de grande porte e complexidade, atender às diversas expectativas relativas ao planejamento tem se revelado um desafio considerável. Frequentemente nos questionamos sobre como estruturar, planejar e controlar um projeto de grande dimensão.

Desenvolver algo inovador, como um veículo, representa um desafio significativo. Um carro possui cerca de 10.000 componentes distintos, enquanto um avião conta com mais de 30.000 partes e cerca de 40 quilômetros de fiação elétrica. A situação se torna ainda mais complexa ao levar em conta os recursos, os fornecedores e a infraestrutura necessária.

Diante de um desafio dessa magnitude, como evitar o afogamento em um plano de cinco mil linhas de cronograma que se torna ingovernável? Como assegurar que estamos realmente no controle do projeto e de seus recursos?

A prática habitual de criar um "plano de projeto único e extremamente detalhado" tem se revelado ineficaz. Se tentarmos acomodar os requisitos de todos os *stakeholders* em um único espaço, frequentemente esqueceremos algo e não conseguiremos atendê-los de maneira satisfatória.

A resposta envolve compreender os diferentes *stakeholders* do planejamento, seus focos e interesses. Em seguida, é necessário identificar o método de planejamento e o modelo de plano que mais se adequem ao nível de cada um deles. O passo seguinte consiste em estruturar e organizar o modelo de gestão em níveis interdependentes e conectados.

Uma abordagem possível é conhecida como "método híbrido de gestão de projetos", uma combinação de dois ou mais métodos de gestão, como a tradicional "cascata" e o ágil. Trata-se de uma solução adaptativa e customizável que pode ajudar as empresas a enfrentar desafios complexos e entregar resultados de qualidade.

Vamos a um exemplo, para deixar mais claro (ver Figura 4).

Considere que o foco de um dos *stakeholders* está ligado ao "negócio", ou seja, seu interesse reside no que foi acordado com o cliente do projeto, incluindo prazos, custos e benefícios prometidos. Para atender a essa perspectiva, métodos de planejamento e gestão como o EVM (*Earned Value Management*), conjugados com a utilização da gestão por fases (*stage gates*), e um modelo de planejamento no formato de um *master plan* podem ser os mais apropriados.

Mas para um *stakeholder* cuja ênfase é o desenvolvimento do produto, que busca identificar e gerenciar os pacotes de trabalho e suas interdependências críticas, a adoção do método de gestão por WBS (*Work Breakdown Structure*) se torna mais conveniente. Nesse cenário, um modelo de planejamento do tipo *product planning* se revela mais alinhado.

Agora, considerando um terceiro *stakeholder*, que possui a responsabilidade de identificar as atividades necessárias para a entrega dos pacotes, sua rede de precedência, recursos requeridos etc., um método de gestão como a Corrente Crítica (CCPM) se mostra muito mais eficaz. Assim, o modelo de plano mais apropriado passa a ser o "plano de pacote", por estar em um estágio mais eficiente para sua gestão; este deverá se integrar às diretrizes do nível anterior.

No que tange aos participantes cuja preocupação é a gestão de uma equipe de trabalho, que atua na preparação, distribuição e execução das atividades para os recursos, a abordagem mais objetiva é a utilização de métodos ágeis, como o *Scrum*. Isso ocorre por meio da implementação de um modelo de plano por *sprints*, alinhando-se às diretrizes do planejamento do pacote de trabalho descrito anteriormente.

Importante notar que um projeto executado em um ambiente de recursos compartilhados com outros projetos exige uma dinâmica distinta daquela em que o projeto se beneficia de recursos dedicados. No primeiro contexto (de recursos compartilhados), métodos que favorecem um fluxo constante de execução de atividades, como o *Kanban*, são mais adequados. Em contrapartida, para um cenário de recursos dedicados ao projeto, métodos de geração incremental de escopo, como o *Scrum*, demonstram-se mais eficazes.

Ademais, se desejarmos abordar um nível de gestão ainda mais aprofundado, podemos discutir o foco relacionado a "como" o trabalho deve ser realizado, ou seja, quais tarefas compõem a atividade requerida pelo plano do nível superior, sua sequência de execução (fluxograma), aprovações e ciclos; esse é o nível dos processos da empresa, para os quais métodos como o BPM (*Business Process Management*) se mostram mais adequados. Nesse nível, as técnicas *Lean* também são aplicadas, promovendo uma busca constante pela melhoria dos processos, sendo essencial focar na restrição para a efetiva melhoria dos resultados.

O mais crucial é que consideremos os "conceitos fundamentais" de cada método e abordagem de planejamento, buscando gerar uma integração coerente e funcional entre eles, de acordo com o contexto do projeto e de nossa organização.

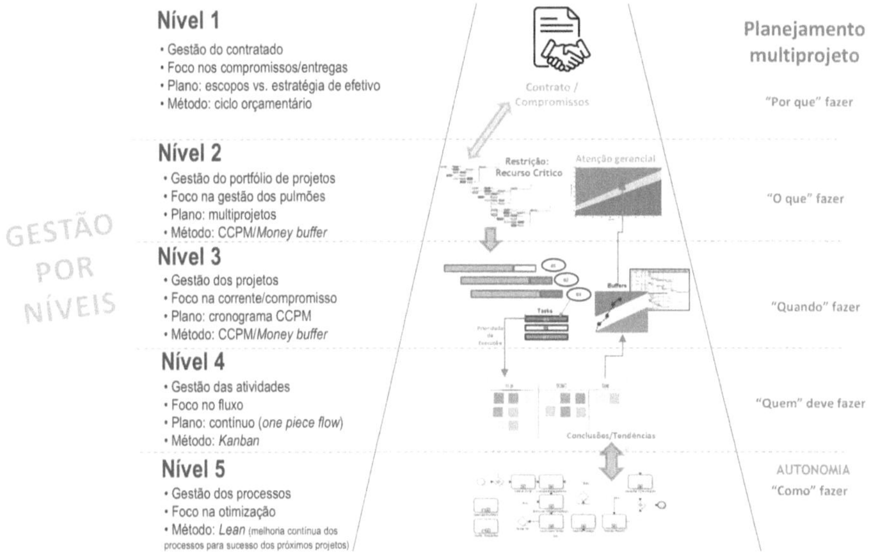

Figura 4. Níveis de gestão.
Fonte: o autor.

9.2. Lidando com a integração: métodos híbridos de gestão

De forma resumida, podemos destacar as seguintes etapas, para uma adequada modelagem da gestão de projetos complexos:

1. Identifique os principais *stakeholders* do planejamento e seu foco de interesse.

2. Identifique o contexto em que o projeto será realizado (fatores internos: políticas, procedimentos, localização, cultura, recursos; e fatores externos: nova tecnologia, fornecedores, parceiros, governos, órgãos reguladores).

3. Defina os "níveis de gestão" requeridos, estabelecendo o método de planejamento e os modelos de plano a serem utilizados em cada um deles.

4. Identifique os "conceitos fundamentais" de cada método (suas similaridades e antagonismos) e defina a melhor forma de integrá-los, com coerência e praticidade para sua organização (abordagem híbrida).

9.3. Pontos de atenção sobre partes interessadas e comunicação

- Como as expectativas dos *stakeholders*, em relação ao planejamento, são identificadas e atendidas em seu projeto?
- Como você avalia o contexto da sua empresa e adequa os métodos de gestão de projetos a ele?
- Como você integra abordagens diferentes de gestão e lida com os conflitos conceituais entre elas?
- Como você subordina a execução das tarefas e atividades, as fases e as entregas pactuadas?

10. Gestão de incertezas em ambiente multiprojeto

Ganhar dinheiro está para uma empresa como oxigênio está para uma pessoa; se não tiver o suficiente, você está fora do jogo.

Peter Drucker

Projetos são ferramentas fundamentais para realizar e alcançar objetivos dentro de uma organização. Eles funcionam como um "meio" viabilizador e não como o "fim" em si. Ao estruturar um projeto, cria-se um ambiente propício para o direcionamento adequado das ações. Isso, por sua vez, proporciona à empresa uma previsibilidade em relação a prazos, esforços e custos, facilitando a efetivação das entregas e os benefícios estratégicos almejados.

Para que o projeto atinja os resultados e benefícios esperados, é crucial que seja gerenciado de forma robusta. Isso implica em entregar seus resultados com a qualidade, o custo e o prazo previstos.

10.1. Gestão de portfólio antifrágil (protetiva, preventiva e adaptativa)

Neste capítulo vamos rever alguns conceitos, de forma a avançarmos no entendimento das soluções e seus motivadores – agora sob a ótica do portfólio.

Como vimos, a fragilidade sistêmica é fruto da:

1. **Escassez:** a falta de recursos requeridos para a continuidade das ações (restrições). Na gestão de portfólio, escassez é representada por limitações muito severas de orçamento, recursos e/ou de prazos.

2. **Falta de segurança:** indisponibilidade de mecanismos que absorvam variações e protejam o sistema. Na gestão de portfólio, a falta de segurança é denotada pela inexistência de reservas e/ou redundâncias que protejam as variações dos gastos, do uso dos recursos e do tempo.

3. **Falta de alternativas:** inexistência de planos alternativos que superem ou contornem os impactos gerados pelo distúrbio (falta de ação de recuperação ou adaptação). Na gestão de portfólio, a falta de alternativas é explicitada pela falta de visão sistêmica e da atuação preventiva sobre elas.

10.1.1. Lidando com a escassez no portfólio

A escassez, em casos extremos, é uma restrição de alta fragilização e risco para os objetivos empresariais. Uma restrição de mercado, por exemplo, pode ser gerenciada até certo patamar, além do qual a perenidade da empresa se torna comprometida.

Todos os sistemas e processos possuem restrições e limites para sua operação e geração de resultados. Mesmo a empresa mais poderosa não possui todos os recursos financeiros do mundo nem controla o mercado e seus concorrentes.

Nos capítulos anteriores tratamos de restrições de orçamento, recursos e tempo, no contexto de cada projeto. Agora vamos avaliar sua influência e tratativa no contexto do portfólio.

Restrição orçamentária do portfólio

Dado que dinheiro é um recurso escasso, é fácil perceber que o orçamento anual limita significativamente um portfólio de projetos.

Muitas vezes os erros mais caros para a empresa são feitos antes da execução dos projetos – são as decisões sobre quais projetos escolher e executar.

Precisamos estabelecer um processo de avaliação das nossas decisões que pondere o seu impacto global para a empresa e garanta ganhos tanto de curto prazo quanto de longo prazo (sustentabilidade).

Para tanto, o processo de seleção dos projetos deve avaliar cada proposta de novo projeto à luz de três aspectos:

1. **Qual o valor do ganho financeiro que será obtido com o resultado gerado pelo projeto (considerando seu benefício global, tanto de ganhos tangíveis quanto intangíveis)?** Se o projeto vai viabilizar, por exemplo, uma melhoria em um produto ou processo, quanto é esperado que essa melhoria gere de incremento (delta valor) nos ganhos? Aqui, precisamos considerar que alguns projetos trazem também ganhos intangíveis, como melhoria da imagem da empresa, eliminação do *gap* tecnológico, dentre outros. Esses benefícios devem ser identificados e podem servir como um ajuste (um multiplicador) do valor do lucro previsto.

2. **Para realizar o projeto, teremos que aumentar os custos de operação da empresa (OPEX)?** Teremos que contratar mais funcioná-

rios, aumentar as despesas administrativas, comerciais ou financeiras? Ou seja, a empresa vai ter um aumento de seus custos recorrentes, por ter que realizar o projeto? Qual o valor deste delta?

3. **Para realizar o projeto, teremos que aumentar os valores dos ativos da empresa (CAPEX) ou teremos a necessidade de um maior capital de giro?** Teremos que adquirir máquinas, equipamentos, prédios, estoques adicionais? Ou seja, a empresa vai ter um aumento de seus ativos, por ter que realizar o projeto? Qual o valor deste delta?

Em posse destes três valores, podemos utilizar a fórmula a seguir como auxílio no processo de classificação e seleção dos projetos, identificando os que trarão maior benefício para a empresa em determinado período no tempo.

Benefício do projeto = [(delta ganho – delta OPEX)/delta CAPEX]

Ganhar dinheiro está para uma empresa como oxigênio está para uma pessoa; se não tiver o suficiente, você está fora do jogo.

Peter Drucker

Restrição de recursos do portfólio

Com os projetos priorizados em relação à restrição orçamentária, precisamos considerar nossas limitações de recursos. Isso garante que nossas promessas de entregas sejam baseadas em uma programação que considera e explora nossas restrições. Dessa forma, as datas de entrega serão mais realistas e exequíveis do que apenas avaliando o projeto isoladamente.

Quando um novo projeto entra no portfólio, já temos muitos em execução, e a análise de sobrecarga nos recursos deve considerar o que já foi contratado. O desenlace dos projetos no tempo é crucial para evitar o fracasso inicial, principalmente devido a picos de excesso de trabalho. Além disso, é importante garantir que a carga excessiva gerada não prejudique os outros projetos do portfólio. Programar explorando as restrições e gerenciar constantemente o WIP são formas de lidarmos com a escassez de recursos ao longo do tempo.

Em alguns ambientes, a restrição pode inclusive servir de critério adicional de priorização e indicação do momento adequado para o início de cada projeto. Ao decidir iniciar um projeto que não requer um recurso limitado, como um laboratório de ensaios, em vez de um que o exige em grande quantidade, a primeira opção pode ser escolhida por não ter restrições.

Uma avaliação conjunta, que considere a relação entre o maior benefício (ganho) e o menor uso de recursos restritivos, pode propiciar resultados excepcionais ao portfólio.

Quando gerenciamos os recursos do nosso portfólio, podemos decidir "começar um projeto mais tarde para conseguirmos terminá-lo antes", em comparação a ter o seu início imediato em ambiente já sobrecarregado. Assim como ao dirigir, é eficiente começar a viagem mais tarde para evitar o trânsito e chegar em menos tempo, pela menor duração da viagem.

Algumas ferramentas de programação de portfólio permitem otimizar o uso dos recursos ao longo do tempo. Esse tipo de solução analisa todas as atividades que cada um deles tem por executar, nos diferentes cronogramas, e, como em um jogo de Tetris, encaixa atividades que caibam no espaço com disponibilidade do recurso, reduzindo os ciclos de execução dos projetos e viabilizando um volume maior de projetos executados no mesmo período de tempo (aumento do *throughput*).

Um exemplo de estratégia que podemos utilizar na gestão de portfólio é prometer datas de entregas dos projetos com segurança (incluindo pulmão da capacidade entre as atividades do recurso crítico) e liberar suas atividades para execução assim que disponíveis (predecessoras concluídas), via programação otimizada "Tetris". Isso permite execução com foco no fluxo.

Restrição de prazos do portfólio

Uma vez que o projeto foi aprovado e sua data de entrega foi prometida/contratada, essa data passa a compor o conjunto de entregas compromissadas no portfólio. Portanto, são prazos restritivos que o portfólio precisa gerenciar.

Nesse ponto, é importante salientar que o projeto já passou por todo o processo de seleção, priorização e estruturação. Sua importância, relevância e benefício já foram considerados. O foco (e a meta) agora deve ser o atendimento de 100% dos compromissos assumidos pelo portfólio, não cabendo novos critérios de importância aos projetos em execução. Agora que estão contratados, a responsabilidade do portfólio é atender ao prometido, em todos os projetos.

Durante a execução dos projetos, o desafio está em garantir que todos os recursos estejam atuando de forma sincronizada, objetivando a realização dos compromissos.

Se um recurso acha um projeto mais importante e só atua nele, enquanto outro prioriza outro projeto, as execuções dessincronizam. Isso impacta o cumprimento de todos os compromissos do portfólio.

Para sincronizar as atuações e convergir para um critério único de priorização, os projetos que estiverem com maior tendência de não cumprir a data de entrega devem ser priorizados. As atividades desses projetos devem ser as principais entre as atividades pendentes (disponíveis, ainda por fazer) de cada recurso. Dessa forma, as atuações dos recursos se tornam sincronizadas, em atendimento à restrição de prazos do portfólio, revertendo tendências de atraso.

10.1.2. Lidando com a falta de segurança no portfólio

Nos capítulos anteriores tratamos sobre reservas e/ ou redundâncias protetivas (de orçamento, recursos e tempo), no contexto de cada projeto. De forma similar, precisamos garantir níveis de segurança adequados para o portfólio (ambiente multiprojeto).

As incertezas dos projetos podem impactar o **orçamento do portfólio**. Apesar de lidarmos individualmente com essas incertezas, é vital a consolidação das tendências dos gastos no portfólio. A previsão de gastos (*forecast)* é crucial para assegurar a saúde do orçamento global.

Na gestão de **recursos do portfólio**, precisamos prever alguma margem de "capacidade protetiva" para lidar com a volatilidade de resultados, não carregando os recursos próximo a seu limite, mas, sim, deixando uma porcentagem da capacidade para absorver variações e novas demandas imprevistas, fator imprescindível de segurança.

Já na programação de **prazos do portfólio** (e sua posterior pactuação de data de entrega), é importante estabelecer algum tempo adicional entre o término das atividades do recurso crítico em um projeto e o início de sua atuação no próximo (essa reserva de tempo é chamada de "pulmão de capacidade"). Essa ação pode parecer uma redundância, mas é uma medida protetiva que pode evitar um efeito de atrasos em cascata entre todos os projetos que precisam da atuação do recurso crítico ao longo do tempo.

10.1.3. Lidando com a falta de alternativas no portfólio

Pensar em rotas alternativas é inútil sem avaliação constante da tendência de chegarmos ao nosso destino. Devemos agir preventivamente para permitir mudanças para a rota alternativa em tempo hábil. Isso reverte atrasos e estouros orçamentários, minimizando efeitos colaterais como custos adicionais e impactos no escopo ou na qualidade.

Cabe à gestão do portifólio avaliar tais alternativas e viabilizar as alterações de rota nos projetos. Em lugar de olharmos apenas para o GPS do nosso veículo, agora estamos avaliando a localização e as rotas de todos os carros da nossa frota.

Atuando preventivamente, evitando insucessos

A gestão multiprojeto, quando aplicada de maneira adequada, aumenta a eficiência da execução dos projetos e seus resultados. Através da otimização de recursos, é possível sincronizar programações e estabelecer prioridades para o trabalho. Essa metodologia, portanto, eleva a performance em relação ao cumprimento de prazos, custos e qualidade acordados (eficácia). Além disso, promove a alta performance em volume de entregas (eficiência).

Ademais, a gestão multiprojeto, quando antifrágil, se destaca como um diferencial competitivo para as empresas. Isso se traduz em uma capacidade ímpar de prometer e cumprir entregas de maneira extremamente arrojada e competitiva.

Ter a capacidade de entregar em menor tempo que seus concorrentes coloca a empresa em uma situação extremamente favorável, permitindo que até mesmo iniciar um projeto "atrasada" em relação a seus concorrentes, mas conseguir concluí-lo antes deles por conta da sua agilidade e da sua capacidade de resposta.

Ao adotar práticas de gestão antifrágil, as organizações garantem uma execução adaptável e bem-sucedida de suas iniciativas.

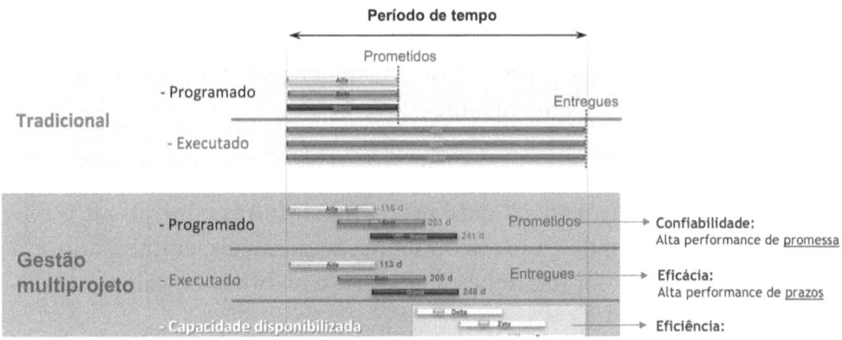

Figura 5. Cumprindo promessas e entregando mais.
Fonte: o autor.

10.2. Insucessos e suas consequências

Refletimos sobre o que é ter um projeto e um portfólio de sucesso. Mas o que significa o seu insucesso? Qual é o real impacto em nossas empresas? A análise de projetos que não alcançam suas metas é fundamental para compreendermos as consequências – que podem ser, muitas vezes, subestimadas.

Não entregar os projetos conforme a expectativa da organização trará consequências que vão além da simples insatisfação. Projetos atrasados vão pressionar as equipes a entregar o "quanto antes", o que, muitas vezes, resulta em uma diminuição significativa da qualidade e/ou do escopo, em prol da urgência. Essa dinâmica não só prejudica a integridade do projeto como pode criar um ambiente de trabalho estressante, no qual a pressão por resultados imediatos impede a reflexão crítica e o aprimoramento contínuo.

Um aspecto crucial a considerar é o atraso. Ele implica nos recursos, que deveriam ter concluído sua participação, se manterem engajados por mais tempo em determinada atividade, o que inviabiliza o início de novos projetos. Essa situação, por sua vez, gera um ciclo vicioso, no qual novos empreendimentos já começam com um alto risco de também atrasarem, devido à sobrecarga de trabalho. O uso de recursos por mais tempo também implica em custos adicionais aos projetos.

O atraso pode resultar no estouro do orçamento do projeto e no adiamento do benefício esperado. Dependendo do entregável, isso pode significar a postergação de processos ou sistemas novos e/ou melhorados. Pode levar à perda de oportunidades para o lançamento de produtos ou serviços e resultar, potencialmente, em uma perda de mercado para concorrentes.

Os impactos financeiros podem ser severos, especialmente se a comercialização de novos produtos não ocorrer na data prometida. Multas contratuais e repercussões negativas na imagem da empresa também são possíveis, culminando, em casos extremos, na queda do valor das ações da empresa na bolsa de valores.

10.3. O valor da gestão antifrágil (protetiva, preventiva e adaptativa)

Avaliar a situação corrente, checar as tendências do que está por vir, traçar rotas alternativas e tomar a melhor decisão possível é a única forma de lidar com o ambiente dinâmico e incerto da execução dos múltiplos projetos.

Quando conseguimos atuar preventivamente e reverter tendências, evitamos impactos negativos, mas, por tê-los evitado, as pessoas têm dificuldade em acreditar que realmente eles poderiam ter ocorrido. Essa gestão enfrenta o dilema da dificuldade de avaliar perdas que não ocorreram.

Evitar a ocorrência de algo é relegá-lo ao mundo das conjecturas e das suposições – e ter que provar o ganho das ações preventivas que o evitaram pode ser tornar um trabalho de Sísifo.

Por exemplo, antes do atentado de 11 de setembro de 2001, imagine um engenheiro aeronáutico preocupado com a segurança dos passageiros. Ele propõe um projeto de uma porta antiterrorista para o *cockpit* dos pilotos. No entanto, o projeto custaria alguns milhares de dólares e aumentaria o peso da aeronave. Pergunto: ele teria sucesso? Sua ideia seria bem recebida?

Na área jurídica, tratar do que não ocorreu é chamado de "fato negativo" e, em geral, é considerado impossível de ser provado. A ele se pode chegar, no máximo, por uma dedução lógica. A necessidade de sua defesa é chamada "prova diabólica" (*probatio diabolica* ou *devil's proof*), em referência a uma categoria de prova impossível ou descomedidamente difícil de ser realizada.

Mas, como quem alega é que tem o ônus da prova, cabe a nós demonstrarmos à liderança da empresa o valor das ações preventivas.

10.4. Patrocínio e viabilização da abordagem antifrágil

Para o estabelecimento de uma prática de gestão de projetos antifrágil (protetiva, preventiva e adaptativa), é necessário o convencimento da liderança de que vai valer a pena envolver pessoas, equipamentos, dinheiro e tempo nessa ação, e que ela irá trazer resultados em patamares muito acima dos atuais, impossíveis de serem obtidos no modelo vigente.

É preciso comprovar que a crença da "eficiência máxima com custos mínimos" é geradora de insucessos. Podemos ter custos maiores e recursos não sobrecarregados se isso gerar como consequência um fluxo de trabalho mais rápido e eficiente, promovendo maiores e melhores resultados e ganhos.

10.5. Mensurando o insucesso

Precisamos traduzir o histórico de insucessos dos projetos do passado em valores, tanto no aspecto dos prejuízos (por atrasos, multas, retrabalhos, estouros orçamentários) quanto do que deixamos de ganhar pela ineficiência e indisponibilidade de recursos (mantidos no projeto atrasado, inviabilizando a atuação em novos) no mesmo período de tempo.

- Quanto os atrasos, estouros de orçamento e baixa qualidade de resultados estão custando para a empresa (inclusive para a sua imagem e reputação)?
- Quanto teríamos evitado de prejuízo, se estivéssemos entregando todos os projetos com sucesso?
- Qual teria sido o ganho se tivéssemos sido mais eficientes? Imagine que as entregas ocorressem em ciclos 20% menores que os históricos. E se gastássemos 15% menos do orçamento?
- Quantos projetos adicionais poderíamos ter feito no mesmo período?

Portanto, qual é o real impacto financeiro dos insucessos? Quanto a nossa empresa teve de prejuízo e deixou de lucrar?

Este valor obtido é o ganho que uma gestão de projetos antifrágil (protetiva, preventiva e adaptativa) pode proporcionar.

11. Analogia: gestão de viagens *versus* gestão de projetos (o uso do GPS)

As pessoas pensam no planejamento de projetos como algo que você faz apenas no início de um projeto. Depois disso, você começa a apenas monitorar. Se você não estiver avaliando e refinando seus planos de maneira consistente e contínua, perderá muito do valor exponencial de alavancagem.

Robert Newbold

Tendo por objetivo demonstrar o valor de uma gestão preventiva, protetiva e adaptativa, vamos traçar um paralelo entre a gestão de viagens e dos projetos.

A gestão e o controle das viagens evoluíram muito nos últimos anos. No passado não muito distante, planejar e garantir alguma precisão de horário de chegada ao destino era praticamente impossível. Se gerenciássemos a viagem como um projeto, a performance de entrega seria de baixíssima eficiência. Mas com uma gestão que se ampara em dados, tendências e constante atualização de projeções, via uso do GPS, nossas viagens passaram a ser muito mais seguras, previsíveis e pontuais.

Essa analogia destaca a importância de um sistema de monitoramento e controle que permita ao gerente de projetos manter o curso, fazer ajustes conforme necessário e alcançar os objetivos de forma eficiente.

Vamos traçar alguns paralelos em relação à forma como gerenciamos nossas viagens e como devemos gerenciar nossos projetos.

Vamos assumir as seguintes considerações:

- Frota de veículos = Portfólio de projetos
- Veículo = Projeto
- Entregas = Entregáveis dos projetos
- Etapas/trecho = Atividades
- Ruas, avenidas e estradas = Recursos requeridos
- Data/hora de chegada = Data de entrega do projeto
- Distância (km) = Porcentagem concluída (%)
- Duração da viagem = Duração do projeto

- Velocidade (km/h) = % concluída/semana
- Planejamento da rota = Programação do cronograma
- Estimativa de chegada = Projeção de data de término

11.1. Caso de estudo: projeto "Transporte de Valores"

De forma a tornarmos nossa analogia mais tangível, vamos planejar um projeto que tem por objetivo o transporte e a entrega de VALOR. Nesse projeto, malotes serão coletados de agências em cidades do interior do estado e transportados para a central do banco na cidade de São Paulo.

11.1.1. Fase de iniciação (macroatividades)

- **Definição de objetivos:** estabelecer claramente que o objetivo é coletar e transportar malotes de forma segura e eficiente das agências do interior para a agência central.
- **Identificação das agências:** mapear todas as agências bancárias participantes e suas localizações.
- **Análise de riscos:** avaliar os riscos associados ao transporte, incluindo roubos, acidentes e atrasos.
- **Estudo preliminar das rotas:** utilizar dados históricos e informações geográficas para identificar as melhores rotas.

Ponto de atenção: as informações requisitadas estão em linha com o atual nível de incerteza? Por exemplo, podemos definir a duração total e a conclusão do projeto mesmo sem ter feito ainda o planejamento?

11.1.2. Fase de planejamento (macroatividades)

- **Desenvolvimento do plano do projeto:** criar um cronograma detalhado, que viabilize a estratégia de execução definida para a coleta e entrega dos malotes, considerando ciclos e suas variabilidades.

- **Planejamento de recursos:** a partir das rotas, definir as estradas e os equipamentos requeridos (recursos e *full kit* das atividades). Avaliar recursos críticos/restritivos.
- **Premissas, riscos e seus planos de prevenção e contingência:** desenvolver planos alternativos para possíveis cenários de risco.
- **Custos:** identificar todos os gastos requeridos (valores de combustível, pedágio, alimentação etc.) e incertezas das estimativas obtidas (avaliar variabilidade).
- ***Stakeholders*:** identificar os *stakeholders* do projeto e do seu planejamento, e estabelecer a melhor estrutura de gestão (por exemplo: visão macro, dos pontos de coleta, para o diretor; visão detalhada, das rotas, para o coordenador da frota).
- **Etapas e verificações:** definir as fases do projeto e os momentos para avaliar o cumprimento de seus critérios de sucesso (DoD) e objetivos de desempenho.
- **Mecanismos de segurança:** estabelecer reservas de recursos, tempo e dinheiro para lidar com imprevistos e aleatoriedades.

Ponto de atenção: considere a variabilidade potencial de cada atividade/etapa. Gerencie as premissas e trate-as como riscos. Avalie a taxa-base das causas dos riscos e sua probabilidade. Estabeleça ações de prevenção e contenção, em resposta aos riscos.

11.1.3. Fase de monitoramento e controle

A fase de monitoramento e controle de um projeto pode ser comparada ao uso de um sistema de GPS durante as viagens. Assim como um GPS fornece informações em tempo real sobre a localização, a direção e a velocidade de um veículo, o monitoramento do projeto fornece dados sobre o progresso, projeções e possíveis desvios em relação ao plano estabelecido.

Parâmetros de controle

- **Localização atual (GPS) = Status atual do projeto:** assim como o GPS indica sua localização atual, o monitoramento do projeto mostra onde ele está no cronograma e escopo.

- **Destino (GPS) = Objetivos do projeto:** o destino programado no GPS é como o objetivo do projeto. Ambos representam o ponto final que se deseja alcançar.

- **Rota (GPS) = Plano do projeto:** a rota traçada pelo GPS para chegar ao destino é semelhante ao plano de projeto que detalha como os objetivos serão alcançados.

- **Alertas de tráfego/desvios (GPS) = Identificação de riscos e problemas:** o GPS avisa sobre tráfego pesado ou desvios, permitindo ajustes na rota. O monitoramento do projeto ajuda a identificar riscos e problemas que podem impactar o cronograma ou o orçamento.

- **Estimativa de tempo de chegada (GPS) = Previsão de conclusão do projeto:** o GPS estima a chegada considerando a rota e as condições presentes, enquanto o monitoramento do projeto permite prever a conclusão dos objetivos com base no desempenho atual e nas tendências do que resta ser feito.

- **Atualizações em tempo real (GPS) = Relatórios de progresso:** assim como o GPS atualiza a rota e o tempo restante para a chegada ao seu destino (via ETA – *Estimated Time of Arrival*) com base nas condições e em tempo real, o monitoramento do projeto envolve a geração de relatórios de progresso que refletem o estado atual e as tendências futuras do projeto.

- **Recalculando rota (GPS) = Definindo plano de recuperação:** assim como o GPS avalia o cenário e recalcula a rota para um caminho alternativo mais eficiente, o monitoramento possibilita avaliar novas estratégias de execução para o que falta ser feito de forma a reverter tendências de atraso, provendo inclusive a simulação de planos alternativos e sua projeção de término/custo correspondente.

- **Quantidade de veículos em trânsito = Quantidade de projetos em execução (WIP):** a equipe central precisa gerenciar o número de veículos em trânsito e o risco associado ao uso de cada rota. Na gestão do portfólio, a quantidade de projetos em execução simultânea também requer o constante monitoramento do risco de sobrecarga nos recursos e consequente perda de eficiência de entrega.

11.2. O GPS em uso – direcionamento e alternativas

Ao atuar preventivamente com o GPS e estar preparado para ajustar as rotas diante de dificuldades, o projeto pode manter um alto nível de eficiência e segurança, garantindo que as entregas ocorram conforme planejadas. A chave é a flexibilidade e a capacidade de resposta rápida às condições variáveis.

Aqui está como o GPS poderia auxiliar na gestão preventiva e adaptativa da viagem:

Antes da partida

- O GPS é consultado para verificar as condições de tráfego ao longo das rotas planejadas (controle do WIP de projetos).
- Com base nos dados, uma rota ótima é escolhida para evitar áreas conhecidas por congestionamentos frequentes (por exemplo, recursos sobrecarregados/críticos).

Durante a viagem

- O GPS monitora constantemente a velocidade do veículo (avanço do projeto) e as condições de tráfego em tempo real (tendências do que falta ser feito).
- Se detectar lentidão à frente, o sistema alerta o motorista e sugere uma rota alternativa.
- Em caso de trânsito parado ou acidentes, o GPS recalcula imediatamente o percurso, direcionando o veículo para vias menos congestionadas (tendência de atraso – estabelecimento de ações preventivas que recuperem a possibilidade de término favorável).

Eficiência das alternativas

- O sistema de GPS armazena várias rotas alternativas pré-aprovadas para cada trecho da viagem. Quando a tendência de atraso do projeto começa a crescer, seu gerente já deve ter alternativas de recuperação mapeadas.

- Isso permite uma resposta rápida a interrupções, minimizando atrasos e mantendo a segurança das entregas.

- A gestão proativa garante que o veículo (projeto) permaneça em movimento e alcance o destino dentro do cronograma estabelecido.

Com essa abordagem, o uso do GPS contribui fortemente para a eficiência do projeto, garantindo que os malotes sejam coletados e entregues de maneira segura e pontual, mesmo diante de desafios inesperados durante a execução.

11.3. O uso do GPS no portfólio

- A equipe de monitoramento central usa os dados do GPS para acompanhar todos os veículos da frota (gestão multiprojeto).

- Se um veículo desviar da rota planejada, a equipe entra em contato para verificar a situação e oferecer assistência (viabilização das ações preventivas, como, por exemplo, liberando horas extras ou a mudança no tipo de transporte).

- As rotas são ajustadas dinamicamente em resposta a alertas de tráfego, condições climáticas adversas ou outros imprevistos (as tendências do "quanto falta", obtidas nas atividades em execução, atualizam as projeções das entregas do portfólio).

Para controlarmos nossa frota de veículos – nosso portfólio –, precisamos que nosso sistema de GPS tenha a capacidade de nos prover uma visão situacional global de como os projetos estão evoluindo em seus trajetos e qual a tendência de as entregas ocorrerem conforme planejado. Ele deve permitir avalições de cenários alternativos e simulações dos efeitos ocasionados por alterações de parâmetros (*what if?*).

12. Conclusão

O maior obstáculo para as descobertas não é a ignorância, é a ilusão de conhecimento.

Eliyahu Goldratt

Quando se implementam estratégias que visam à mitigação de riscos e à identificação precoce de possíveis obstáculos, a equipe envolvida consegue se organizar de maneira mais eficaz. Isso abre espaço para a possibilidade de antecipação na finalização das etapas do projeto, o que pode ser um diferencial competitivo significativo em um mercado cada vez mais exigente.

Além disso, essas ações preventivas garantem o cumprimento do orçamento previsto, podendo até reduzir custos. A gestão financeira é um aspecto crucial em qualquer empreendimento, e a adoção de práticas que priorizam a prevenção permite um controle mais rigoroso sobre os gastos. Quando problemas são prevenidos antes de se tornarem onerosos, é possível evitar surpresas desagradáveis que possam comprometer a viabilidade financeira do projeto. Dessa forma, a empresa pode reinvestir esses recursos em inovações e melhorias.

Por fim, a eficácia das ações preventivas assegura a qualidade prevista, superando em alguns casos as expectativas do cliente. A satisfação do cliente é um dos pilares para o sucesso de qualquer projeto. Quando se garante que a qualidade dos entregáveis esteja alinhada com o que foi prometido, e ainda se busca superá-la, cria-se uma relação de confiança e fidelização. A percepção de qualidade não é apenas uma questão de atender requisitos, mas de encantar o cliente com resultados que vão além do esperado.

Tenha convicção de que a constante proteção, prevenção e adaptação às situações é o caminho para a antifragilidade e resultados excepcionais. Em um ambiente em constante mudança, a capacidade de se adaptar e aprender com os desafios enfrentados é o que diferencia as organizações bem-sucedidas. Ao cultivar uma cultura que valoriza a prevenção e a adaptação, as empresas se tornam mais resilientes e capazes de prosperar mesmo em tempos de incerteza.

12.1. Mudança de modelo gerencial: do tradicional ao proativo

O grande desafio está na mudança do modelo gerencial. Sair da tradicional abordagem reativa, de atuar somente na ocorrência de desvios, e migrar para uma abordagem proativa, como a aqui proposta, requer clareza sobre suas diferenças.

Na fase de planejamento – migrar do determinístico para o preventivo

O modelo tradicional se baseia em um plano determinístico, com referências como o *baseline* das atividades e suas datas de início-término.

Já um modelo proativo parte do entendimento de que as atividades não ocorrerão conforme previsão original e estabelece mecanismos de prevenção para lidar com as variabilidades, incertezas e limitações de recursos.

Na gestão da execução – migrar do reativo e corretivo para o preditivo e prescritivo

Na gestão tradicional o foco está no percentual de conclusão das atividades, na aderência às datas e no avanço físico. Atuando de forma reativa, é similar a dirigir um carro olhando apenas pelo retrovisor, sempre com base no que já ocorreu e buscando corrigir os desvios já instaurados.

Já um modelo proativo parte do entendimento de que desafios, obstáculos e incertezas estão à frente, no que ainda falta ser executado. O foco está no monitoramento preditivo, gerando projeções até o término e, diante de tendências de desvio, atuando de forma prescritiva, propondo alternativas de recuperação para reverter tais tendências.

Desejo sucesso em seus projetos e muita satisfação pessoal na jornada! Que cada passo dado seja um aprendizado e cada desafio enfrentado seja visto como uma oportunidade de crescimento e superação. Boa viagem!

13. Resumo

Todo sistema deve ser pensado, analisado e abordado pelo todo. O ÓTIMO GLOBAL é muito maior do que a soma dos ÓTIMOS LOCAIS!

Eliyahu Goldratt

13.1. Gestão de projetos robusta

É caracterizada pelo planejamento que trata interdependências em sua modelagem, lida com incertezas das atividades, considerando variabilidades e probabilidades de resultados. Considera limitações de recursos e possui mecanismos de segurança como reserva de recursos, tempo e dinheiro para lidar com a volatilidade de suas realizações. Adicionalmente, possui a habilidade de avaliar tendências e atuar preventivamente, mostrando alternativas e adaptabilidade.

13.1.1. Gestão da integração

- Certifique-se de que as informações solicitadas são condizentes com o grau de incerteza para o momento.
- Atualize as informações e as referências anteriores sobre o tema, conforme o avanço do projeto.
- Durante a execução do projeto, obtenha periodicamente atualizações das tendências (novas estimativas) relacionadas ao que ainda falta ser feito e em quanto tempo (dias) é previsto o término.
- Examine o impacto das últimas previsões no prazo final do projeto. Simule cenários alternativos e, caso aplicável, defina ações preventivas para mudar de direção.
- Garanta que seus indicadores sejam adequados à gestão antifrágil (e não conflitantes) e promovam os comportamentos adequados para a eficiência do portfólio.

13.1.2. Gestão de escopo e qualidade

- Conforme o tipo de projeto, estabeleça o melhor modelo de gestão, considerando as incertezas do escopo e seu atendimento.
- Identifique e trate conflitos relacionados à estratégia de execução do projeto e aos processos de sua empresa.
- Em projetos com escopo muito incerto, preveja fases (com *checklist*) para validar o atingimento do objetivo planejado para a etapa e prepare a próxima fase do projeto (planejamento por ondas sucessivas).
- No momento de encerrar as atividades, verifique seu atendimento ao critério de sucesso (DoD).
- Ao encerrar uma entrega, garanta sua verificação interna e valide junto ao cliente.

13.1.3. Gestão de riscos

- Trate as premissas do projeto como riscos.
- Garanta que os itens candidatos à gestão de riscos sejam realmente riscos (não problemas ou preocupações).
- Avalie estatisticamente a taxa-base de ocorrência das causas do risco, de forma a definir a probabilidade de seu evento.
- Inclua as ações preventivas de resposta ao risco no cronograma e avalie impactos em recursos, ciclos e custos.
- Acompanhe periodicamente a validade das premissas assumidas, de forma a servirem como gatilhos das ações de contenção previstas para os riscos.
- Inclua, no momento indicado pelo gatilho de resposta ao risco, as ações de contenção no cronograma do projeto e avalie os potenciais impactos associados.

13.1.4. Gestão de cronogramas e recursos

- Faça a decomposição das atividades no nível daquilo "que precisa ser feito" (atividades e entregas intermediárias), delegando o "como deve ser feito" (tarefas) aos executantes, no momento de seu desdobramento (preparação) e sua execução (por exemplo, nas cerimônias de *sprint*).
- Verifique se o caminho crítico, derivado da rede de precedência, é lógico e coerente com as necessidades e os recursos em cada etapa.
- Considere a variabilidade potencial da execução de cada atividade.
- Estabeleça a melhor maneira de identificar e declarar os recursos e suas capacidades nos cronogramas.
- Informe a carga de trabalho (alocação) e trate sobrecargas e conflitos de uso dos recursos no tempo.
- Estabeleça mecanismos de segurança em relação ao prazo, como, por exemplo, um pulmão de tempo.
- Antes de declarar a data de entrega do projeto, avalie sua influência no ambiente multiprojeto e o uso de recursos restritivos ou sobrecarregados no momento requerido.
- Durante a execução, e sempre que necessário, altere e revise as atividades do cronograma, de forma a permitir uma visão atualizada das tendências dos entregáveis (só a entrega é que possui data fixa).
- Durante a execução, cada responsável por recursos deve receber a informação de previsão de entrada de nova atividade, de forma a ter tempo para preparar as condições requeridas para sua execução (*full kit*).
- Os executantes devem atualizar periodicamente as estimativas sobre "quanto falta" para finalizar suas atividades.
- Diante de tendências de atraso, implemente ações alternativas que possam reverter a situação (revisão do cronograma e suas premissas/estratégias de execução).

13.1.5. Gestão de custos e aquisições

- Estabeleça mecanismos de segurança para os custos, como, por exemplo, um pulmão de dinheiro.
- Atualize periodicamente o plano de custos do projeto, tanto em relação ao detalhamento (pela evolução do próprio processo de aquisição) quanto em valores e sua previsão de data de realização.
- Diante de tendências de estouro de custos, implemente ações alternativas que possam reverter a situação (revisão do plano de aquisições e suas premissas/estratégias de execução).
- Na gestão dos custos, mantenha o foco no objetivo relacionado à realização das entregas do projeto (custos e orçamento são só viabilizadores do objetivo).
- Estabeleça indicadores e metas condizentes com a incerteza dos números e de seu contexto (considere *ranges* de resultados potenciais e metas relacionadas à complexidade dos projetos em execução).

13.1.6. Gestão de partes interessadas e comunicação

- Identifique as expectativas dos *stakeholders* em relação ao planejamento do projeto e estabeleça o modelo adequado de gestão (considere a geração de planejamento em níveis).
- Avalie o contexto da sua empresa em relação ao uso dos recursos – eles serão dedicados exclusivamente a um projeto ou compartilhados entre vários? Ajuste as abordagens de gestão conforme necessário.
- Ao utilizar múltiplas abordagens de gestão (métodos híbridos), avalie as premissas e os conceitos de cada uma e a melhor forma de reforçar pontos convergentes e tratar abordagens conflitantes.

13.2. Gestão de portfólio antifrágil

É caracterizada pelo planejamento que considera a contribuição dos projetos para o atendimento das estratégias, gerencia restrições do portfólio (orçamentárias, humanas, de equipamentos ou infraestrutura), possui mecanismos de segurança para a programação dos projetos, tais como controle do WIP e reserva de recursos, tempo e dinheiro (redundâncias – trata a volatilidade dos resultados), e sincroniza prioridades, tanto das demandas quanto dos trabalhos a serem executados. Possui a capacidade de avaliar tendências holisticamente e atuar preventivamente nas correções das rotas (alternatividade e adaptabilidade).

13.2.1. Gestão do portfólio

- Gerencie com foco global e atue apenas nas tendências de desvio (não agir no ruído – conceito *dark cockpit*).
- Gerencie o WIP do portfólio, evitando sobrecargas e perdas de eficiência.
- Identifique e gerencie as restrições do portfólio (orçamento, recursos e prazos de entrega).
- Antes de prometer datas de entrega, avalie as novas cargas geradas para os recursos críticos e garanta alguma proteção de tempo entre suas atividades nos projetos (pulmão de capacidade).
- Efetue a programação conjunta dos projetos, de forma a viabilizar a otimização de recursos, orçamento e tempo (programação "Tetris").
- Conscientize as pessoas de que a programação busca atender a 100% das entregas aprovadas/contratadas.
- Crie simulações da programação do portfólio e avalie o impacto de mudanças em seus resultados. Faça análise de priorizações e programações alternativas e avalie seu potencial benefício para os resultados globais.
- Promova a cooperação e o foco em metas globais, estabelecendo indicadores e controles que promovam comportamentos adequados.

13.2.2. Durante a execução dos projetos

- Não promova multitarefa e evite interromper a execução das atividades com mudanças constantes de prioridade.
- Incentive a preparação das atividades (*full kit*) e a validação do atendimento do seu critério de sucesso (DoD).

- Garanta o fluxo ajudando a eliminar filas e impedimentos.
- Sincronize a atuação dos recursos com base no impacto da atividade no resultado global (foco na atividade do projeto com maior tendência de atraso).
- Elimine a cultura do *due date* em projetos. Não cobre a data de entrega de cada atividade nem busque responsáveis pelos atrasos (ofereça ajuda).
- Obtenha estimativas do "quanto falta", em vez do "quanto já foi feito" (não gerencie a execução olhando pelo retrovisor).
- Tenha foco na gestão dos pulmões (de tempo e de dinheiro), de forma a antecipar problemas e definir ações preventivas (planos de recuperação).
- Evite indicadores contraditórios em relação aos resultados e comportamentos desejados.

Referências bibliográficas

CORBETT, T. **Bússola financeira:** o processo decisório da Teoria das Restrições. São Paulo: Nobel, 2010.

GOLDRATT, E. M. **A Síndrome do Palheiro:** garimpando informação num oceano de dados. 2.ed. São Paulo: Educator (Imam), 1991.

GOLDRATT, E. M. **Corrente Crítica.** São Paulo: Nobel, 1998.

GOLDRATT, E. M. **Necessária, Sim, Mas Não Suficiente:** uma história do mundo empresarial baseada na TOC – Teoria das Restrições. São Paulo: Nobel, 2008.

GOLDRATT, E. M.; COX, J. **A Meta:** Teoria das Restrições (TOC) aplicada à indústria. São Paulo: Nobel, 2014.

JOHNSON, H. T.; KAPLAN, R. S. **A relevância da contabilidade de custos.** Rio de Janeiro: Campus, 1996.

KAHNEMAN, D. **Rápido e devagar:** duas formas de pensar. Rio de Janeiro: Objetiva, 2012.

KAHNEMAN, D.; SIBONY; O.; SUNSTEIN, C. R. **Ruído:** uma falha no julgamento humano. Rio de Janeiro: Objetiva, 2021.

MORIEUX, Y.; TOLLMAN, P. **Seis regras simples:** como gerenciar a complexidade sem se complicar. Rio de Janeiro: 2019.

NEWBOLD, R. C. **Billion Dollar Solution:** secrets of Prochain project management. [S.l.]: Prochain Solutions Inc, 2008.

SILVA JUNIOR, W. F. da. **Conselhos com vinho, decisões com água:** reflexões sobre conceitos, armadilhas mentais e estratégias no julgamento e tomada de decisão. São Paulo: Dialética, 2023.

TALEB, N. N. **A cama de Procusto:** aforismos filosóficos e práticos. Rio de Janeiro: Objetiva, 2022

TALEB, N. N. **A lógica do cisne negro:** o impacto do altamente improvável. Rio de Janeiro: BestSeller, 2008.

TALEB, N. N. **Antifrágil:** coisas que se beneficiam com o caos. Rio de Janeiro: Objetiva, 2013.

TALEB, N. N. **Arriscando a própria pele:** assimetrias ocultas no cotidiano. Rio de Janeiro: Objetiva, 2018.

Sobre a Brasport

Há 30 anos, a Brasport é referência em publicações de tecnologia, gestão e carreira.

Nosso catálogo, disponível em www.editorabrasport.com.br, é composto por obras que você encontra tanto em livrarias físicas, como na Amazon e em eventos especializados.

Além disso, nossas publicações estão acessíveis em uma plataforma digital que alcança 4 milhões de assinantes, distribuídos em 900 universidades e empresas.

Quer se unir a essa trajetória de sucesso? Entre em contato conosco pelo e-mail: administrativo@brasport.com.br